# 宮本常一の旅学

## 観文研の旅人たち

福田晴子［著］
宮本千晴［監修］

八坂書房

# 宮本常一の旅学　目次

・「」の文章で出典記載のないものは筆者によるインタビューでの会話である。
・失礼ながら敬称は省略させていただいた。

# はじめに

高度成長めざましい昭和の日本に、レールを外れ、旅に歩きまわる若者たちがいた。旅は家に帰ってほっと安心するところに意味がある、などとも言われる。ところがこの者たちは帰った途端うずうずして、またすぐに出ていってしまう。家より旅に比重がある、筋金入りの旅人気質なのだ。

そんな若者たちが誘われたのが、民俗学者・宮本常一のもとでの「旅して学ぶ」という社会実験だった。実験は「日本観光文化研究所（観文研）」という名がついた研究所でおこなわれた。社会からはみ出して貧乏旅行をくり返す人々が、類は友を呼ぶように、水が流れ込むようにして集まってきた。観文研では、著名な学者を集めるかわりに、若者たちに幾らかの金と居場所を与えた。そして「さあ、存分に歩け」と野に放ったのである。

本書は、現在六十代から八十代の知識人となられたその方々からお聞きした話をもとに、「旅学」なるものを長い目で考察してみようという試みである。

旅人たちの豊かな語りは古今東西、縦横無尽に跳躍しながら日が暮れても止まらなかった。頷いて聴いているだけで激しい運動後のように息切れするほどの熱量であった。その一端でも伝えられたらと願っている。

古語辞典によると、「タビ」とは慣れ親しんだ場所を離れることだ。旅は、日頃交わるはずのない別の世界、異なる価値観との出会いだといえる。また、昔の旅は難儀であり、英語でも旅（travel）の語源は「三本の槍による拷問」、苦難という意味である。今日では旅行といえば生活に余裕のある場合の贅沢のようだ。たしかに観文研の話には、過ぎ去りし昭和バブルの夢物語のような面もある。しかしそれでもなお、足で歩く旅には、苦しくも実りある古い旅の要素が伺える。その中に伝わる「旅学」の本質は、国も時代も超える。

また、観文研では、どちらの方向であれ若者たちが興味に向かって歩き出せるよう、ちょいと背中を押すだけ、後は勝手に育つという目算があった。さてそれが成功したかどうか、本文ではその技と結果も明らかにしている。

したがってこれは旅論であると同時に、多様な特性をどう伸ばすかという教育論でもあり、旅人をどう活かすかという社会論でもある。はみ出した人々の行方を追うマイノリティ論ともいえる。

旅好きな方、若い方はもちろん、人を育てる立場の方や、組織を運営する方にも、好きなところからお読みいただけたら幸いである。

## 主な登場人物（取材にご協力いただいた観文研関係者の方々・五十音順）

相澤韶男（あいざわ　つぐお）一九四三年生。武蔵野美術大学卒。同大学名誉教授。著書『美者たらんとす』他。

伊藤幸司（いとう　こうじ）一九四五年生。早稲田大学卒。山歩き教室「糸の会」主宰。著書『旅の目　カメラの目』『東京発ドラマチックハイキング』他。

伊藤碩男（いとう　みつお）一九三三年生。日本大学中退。映像カメラマン。民族文化映像研究所設立。映画「山に生きるまつり」「アイヌの結婚式」他。

印南敏秀（いんなみ　としひで）一九五二年生。武蔵野美術大学卒。愛知大学教授。著書『京文化と生活技術』他。

岡村　隆（おかむら　たかし）一九四八年生。法政大学卒。『望星』元編集長。地平線会議。著書『モルディブ漂流』他。

賀曽利　隆（かそり　たかし）一九四七年生。バイクライダー。地平線会議。著書『世界を駆けるぞ！』他。

神崎宣武（かんざき　のりたけ）一九四四年生。武蔵野美術大学卒、国学院大学卒。岡山県宇佐八幡神社宮司。元・旅の文化研究所所長。著書『江戸の旅文化』他。

向後紀代美（こうご　きよみ）一九四〇年生。お茶の水女子大学卒。東京大学博士課程中退。装身具研究家。著書『エミちゃんの世界探検』他。

向後元彦（こうご　もとひこ）一九四〇年生。東京農業大学卒。（株）「砂漠に緑を」代表。ＮＧＯ「マングローブ植林行動計画」。著書『緑の冒険』他。

須藤　功（すとう　いさを）一九三八年生。川口市立県陽高校卒。民俗学写真家。著書『西浦のまつり』『宮本常一』他。

須藤　護（すどう　まもる）一九四五年生。武蔵野美術大学卒。龍谷大学名誉教授。著書『木の文化の形成―日本の山地利用と木器の文化―』他。

白根　全（しらね　ぜん）一九五四年生。青山学院大学卒。カーニバル評論家／ラテン系写真家。地平線会議。著書『カーニバルの誘惑 ラテンアメリカ祝祭紀行』他。

田口洋美（たぐち　ひろみ）一九五七年生。東京大学博士課程修了。東北芸術工科大学教授。狩猟文化研究所。著書『越後三面山人記』『クマ問題を考える』他。

谷沢　明（たにざわ　あきら）一九五〇年生。法政大学修士課程修了。博士。愛知淑徳大学名誉教授。著書『日本の観光―昭和初期の観光パンフレットに見る』他。

田村善次郎（たむら　ぜんじろう）一九四三年生。東京農業大学修士課程修了。武蔵野美術大学名誉教授。著書『ネパール周遊紀行』他。

西山昭宣（にしやま　あきのり）一九四二年生。早稲田大学卒。元・都立高校教諭。

西山　妙（にしやま　たえ）一九四三年生。早稲田大学卒。ライター。著書『道は語る』他。

廣瀬信子（ひろせ　のぶこ）一九四五年生。武蔵野美術大学卒。国学院大学神道学科専攻科修了。神職資格取得。花祭の継承保存。

丸山　純（まるやま　じゅん）一九五五年生。早稲田大学卒。広告プランナー／編集者。地平線会議。共著『子どもたちよ、冒険しよう』他。

宮本千晴（みやもと　ちはる）一九三七年生。東京都立大学卒。観文研初代事務局長。地平線会議。ＮＧＯ「マングローブ植林行動計画」。

三輪主彦（みわ　かずひこ）一九四四年生。筑波大学卒。元・都立高校教諭。地平線会議。著書『川遊びから自然を学ぼう』他。

村山道宣（むらやま　みちのぶ）一九四八年生。東京学芸大学卒。編集者。編著『土の絵師　伊豆長八の世界』他。

森本　孝（もりもと　たかし）一九四五年生。立命館大学卒。元・ＪＩＣＡ専門家。著書『舟と港のある風景』『宮本常一と民俗学』他。

山崎禅雄（やまさき　ぜんゆう）一九四三年生。早稲田大学博士課程修了。日笠寺住職。著書『水の力　折々の表情』他。

山田和也（やまだ　かずや）一九五四年生。東京農業大学卒。テレビ・ディレクター／ドキュメンタリー映画監督。地平線会議。映画「プージェー」他。


「水仙忌」ご参加者の皆さん・旅人の皆さん

（登場する関連組織）
アチックミューゼアム　渋沢敬三（一八九六～一九六三年）
民族文化映像研究所　姫田忠義（一九二八～二〇一三年）、小泉修吉（一九三三～二〇一四年）、伊藤碩男
旅の文化研究所　神崎宣武
地平線会議　宮本千晴、ＡＭＫＡＳメンバー他。
ＮＰＯ周防大島郷土大学　松本昭司（まつもと　しょうじ）事務局。居酒屋／民泊体験施設「鯛の里」経営者。
山根耕治（やまね　こうじ）事務局。二〇二一年～周防大島町会議員。

# 第一章

# 宮本常一の旅学

私にとって旅は学ぶものであり、考えるものであり、また多くの人々と知己《ちき》になる行動であると思っている。そしてともすれば固定化し、退嬰化していく自分の殻をやぶる機会を作るものだと思っている。（宮本常一『旅と観光』）

「旅」という一語から何を思い浮かべるかは人によってずいぶん違う。昭和の民俗学者・宮本常一は、旅を学びだと言った。

学びといっても、堅苦しい話ではない。旅で学ぶとは、世の中を自分の目で直に見て、足で歩いて、人に接し、その体験をもとに自分の頭で考えることだ。

古いことばであるが、「かわいい子には旅をさせ」というのがある。その人たちのいう旅は、せまい世界、せまい家の中にとじこもっていたのでは人生勉強にはならない。人生勉強するためには旅をして来ることだ。今一つ旅は苦労の多いものであり、人の情にすがらねばできぬものである。その旅によって、自分のいままでおかれた世界や観念をつきくずしてもっと広く深いものが得られると考えたのである。（同）

宮本常一はまた、旅は発見であるという。

私にとって旅は発見であった。私自身の発見であり、日本の発見であった。書物の中で得られないものを得た。書物はそこに書かれていること以外の事実や世界を知ることはできない。だがあるいてみると、その印象は実にひろく深いものであり、体験はまた多くのことを反省させてくれる。(「旅に学ぶ」『私の日本地図1　天竜川に沿って』)

発見といっても、宮本常一が旅先で見たのは日常である。旅とは各地で生きる人々の暮らしに触れ、たくさんの「普通」を知ることでもあった。宮本常一に薫陶を受けたバイクライダーの賀曽利隆は、ある山村への旅から帰ると、満面の笑みでこう言われたという。

「どうだカソリ君、あの村は面白かっただろう。君分かるか、あの村はなあ、ニッポン中のどこにでもあるんじゃ!」

賀曽利隆は「旅の面白さというのは、もう無数に転がっているんだと、それが分かるかどうかは旅する側に目があるかどうかだと、おっしゃりたかったんでしょうね」と受けとめている。

宮本常一はそうして「旅学」と呼ぶべき知の体系を築いていった。まずはその過程を振り返ってみよう。

# あるく旅

## 故郷の島

宮本常一は一九〇七年（明治四十年）、山口県の瀬戸内海沖に浮かぶ、周防大島の農家に生まれた。父親の善十郎は情熱家で働き者、母親のマチは慈愛に満ちた優しい人で、常一は大切に育てられたという。祖父の市五郎は夜ごと昔話や民謡を聴かせてくれた。素朴でぬくもりある島の暮らしは、常一にとって日本のふるさとの原形となった。

後年に民俗学者として名を成してからも、常一はあくまで自分を「大島の百姓」だと称している。「いつまでもどこまでも百姓の仲間の一人として、その代弁者であるべきだと思っている」（『庶民の発見』）という気持ちからだった。

宮本常一はまた、日本中の農山漁村を巡って約四五〇〇日を過ごした旅人でもあった。身近な散策に始まったその旅は、民俗採訪の旅となり、やがて地方の村の生活向上をめざして歩く旅となる。人々への献身も、旅癖も、父親ゆずりなのだろう。

周防大島から望む瀬戸内海の風景

周防大島の人々は昔から旅人を快く迎えてきて、島民自身にも気軽に海を越える旅人の気風があったという。父の善十郎もまた、行き先も告げずふらりと旅に出るようなところがあった。若い時には開拓を目指してはるばるフィジーに渡っている。風土病の流行でやむなく帰郷してからも、国内の方々へ旅をした。善十郎がそうして足で得た知識の豊かさに、常一は驚いていた。

これほど私の知識を豊富にし、夢をかきたててくれたものはない。自分の周囲の誰よりもゆたかな知識を持っている父を畏敬した。そしてそれは小学校へろくにやってもらえなかった人とは思えなかった。本を読んで得た知識ではなく、多くの人から聞いたものの蓄積であり、一人ひとりの人が何らかの形で持っている知識を総合していくと、父のような知識になっていったのであろう。(……)

父にとっては旅が師であったかと思う。そして私を旅に出させることにしたのも旅に学ばせるためであったと思っている。(『民俗学の旅』)

宮本常一(1907-1981)

そんな父は、常一が十六歳で進学のため大阪へ出るにあたり、次の十ヵ条を申し渡した。宮本流旅学の心得ともいえるものだ。

〈1〉汽車へ乗ったら窓から外をよく見よ、田や畑に何が植えられているか、育ちがよいかわるいか、村の家が大きいか小さいか、瓦屋根か茅葺きか、そういうこともよく見ることだ。駅へついたら人の乗りおりに注意せよ、そしてどういう服装をしているかに気をつけよ。また、駅の荷置場にどういう荷がおかれているかをよく見よ。そういうことでその土地が富んでいるか貧しいか、よく働くところかそうでないところかよくわかる。

〈2〉村でも町でも新しくたずねていったところはかならず高いところへ上ってみよ、そして方向を知り、目立つものを見よ。峠の上で村を見おろすようなことがあったら、お宮の森やお寺や目につくものをまず見、家のあり方や田畑のあり方を見、周囲の山々を見ておけ、そして山の上で目をひいたものがあったら、そこへはかならずいって見ることだ。高いところでよく見ておいたら道にまようようなことはほとんどない。

〈3〉金があったら、その土地の名物や料理はたべておくのがよい。その土地の暮らしの高さがわかるものだ。

〈4〉時間のゆとりがあったら、できるだけ歩いてみることだ。いろいろのことを教えられる。

〈5〉金というものはもうけるのはそんなにむずかしくない。しかし使うのがむずかしい。それだけは忘れぬように。

〈6〉私はおまえを思うように勉強させてやることができない。だからおまえには何も注文しない。すきなようにやってくれ。しかし身体は大切にせよ。三十歳まではおまえを勘当したつもりでいる。

しかし三十すぎたら親のあることを思い出せ。

〈7〉ただし病気になったり、自分で解決のつかないようなことがあったら、郷里へ戻ってこい、親はいつでも待っている。

〈8〉これからさきは子が親に孝行する時代ではない。親が子に孝行する時代だ。そうしないと世の中はよくならぬ。

〈9〉自分でよいと思ったことはやってみよ、それで失敗したからといって、親は責めはしない。

〈10〉人の見のこしたものを見るようにせよ。その中にいつも大事なものがあるはずだ。あせることはない。自分のえらんだ道をしっかり歩いていくことだ。(『民俗学の旅』)

この十ヵ条が、宮本常一の旅人生の指針となった。

## 屋根裏の博物館

大阪に出た宮本常一は、大阪府天王寺師範学校第二部を卒業した。十九歳から小学校教員として働くかたわらで、暇さえあれば野山や路地裏を逍遥する日々だった。

しかし二十三歳のときに肺を病み、島に帰って長期の自宅療養を余儀なくされてしまう。このころ民俗学者の柳田國男が雑誌『旅と伝説』で昔話を募集しているのを見て、常一は祖父から聞いた話を投稿した。それを機に柳田と縁を持つ。病気が回復すると、柳田に紹介された民俗学の研究者たちと大阪で

渋沢敬三（1896-1963）

民俗談話会を開くようになった。

そこへ顔を出したのが、生涯の師となる渋沢敬三である。「日本資本主義の父」といわれる渋沢栄一を祖父に持ち、のちに日本銀行総裁や大蔵大臣を歴任する人物だ。当時は第一銀行の常務取締役である。

渋沢敬三は祖父の道を継いだものの、元来は学者志望だった。その夢を叶えるように、東京の邸宅に「アチックミューゼアム（屋根裏の博物館）」と名付けた一角を設け、有志の研究者仲間とともに民具などの収集や調査をしていた。祖父の栄一は華やかな近代化を導いたが、郷里の獅子舞の復活を願うなど古くからの民俗も大切にしたという。渋沢敬三もまた、激しく変化する社会の表舞台にいながら、その裏で市井の暮らしを見つめていたのである。

宮本常一は「百姓の子」の目線で民俗を語れる才能と人柄を見込まれ、アチックミューゼアムに招かれた。そこで一九三九年（昭和十四年）に教員を辞め、結婚三年半になる妻アサ子と幼い息子の千晴を残して一人上京し、三十二歳で渋沢邸の居候となる。

託された役目は、民衆の生活をその目と足で確かめ、記録することだった。渋沢敬三は常一に、学者になるな、資料の発掘者であれと望み、次のように告げた。

「大事なことは主流にならぬことだ。傍流でよく状況を見ていくことだ。舞台で主役をつとめていると、多くのものを見落としてしまう。その見落とされたものの中に大事なものがある。それを見つけてゆくことだ」(『民俗学の旅』)

その教えは、「人の見残したものを見よ」という父・善十郎の十ヵ条と不思議に同調している。父と渋沢敬三の導きを胸に、宮本常一の本格的な旅が始まった。

アチックミューゼアムを起点とし、民俗を記録するため日本全土を巡るのだ。使命はあるものの、基本は思うがままに歩いていく旅である。

旅費は渋沢敬三から出されたが、「大半はまったくの乞食旅行」(『中国風土記』)だったという。「海ぞいの小さな峠だと思ったが、のぼってみると意外な急坂であった。リュックサックが肩にくいこみ、汗が全身をぬらした。峠の上で月が光りはじめた」(「土と共に」『村里を行く』)といった苦労の旅路だ。

しかし道中はつらさよりもむしろ、一歩一歩進んでいく喜びがまさっていた。知らない土地で人に会い、風土を感じる旅は、面白くてたまらなかったようだ。

そうした旅には知人のいることは少ない。だから旅に出て最初によい人に出あうまでは全く心が重い。しかし一日も歩いているときっとよい人に出あう。そしてその人の家に泊めてもらう。その人によって次にゆくべきところがきまる。その人の知るよい人のところを教えてもらう。そこへやっていく。さらにそこから次の人を紹介してもらう。しかしその先が続かなくなることがある。そうすると汽車で次の歩いてみたい場所までいく。そしてまた同じように歩きはじめる。(『民俗学の旅』)

こうして行く先々で、一〇〇〇軒にのぼる民家にほぼ無料で泊めてもらっている。突然訪ねてきた旅人など怪しまれそうなものだが、宮本常一を知る人は「あの笑顔が人をとろけさせる」と言う。初対面の相手でもあっという間に懐に入り、打ち解けてしまう人柄だったようだ。

やがて太平洋戦争が始まると、アチックミューゼアムは敵国用語として日本常民文化研究所に改名された。自由な旅も難しい情勢だ。宮本常一は一旦、妻子が待つ大阪に帰ることになった。

戦後は復興に向け、大阪府の嘱託として府下の村々で農業指導に奮闘している。その後も、財閥解体により渋沢家の援助は頼れなくなったが、常一は自分で得た原稿料や講演料を工面しながら旅を続けた。昭和の中頃からは世の中に民宿や旅館が増え、民家に泊めてもらえることは減ったという。それでも常一は立派な旅館より相部屋のような庶民の宿を好んだ。話し相手がいた方が面白かったのだろう。また、あえての倹約でもあったようだ。

若いときから貧乏旅行をつづけて来た私はいわゆる観光を目的とした旅はほとんどしたことがない。旅の途中で人から招待されて温泉へとまったり風光の美しいところをあるいたことはある。しかし自身ですすんでそういうところはあるかない。理由ははっきりしている。貧乏旅行をして来た者には観光旅行ははれがましいし、また、貧しい人びとと生活をともにするような旅をしている者が、その人たちの群からはなれたとき、そっと一人で豪華な宿や豪侈の中にいることをゆるされない気持からであった。(『旅と観光』)

旅をしながら、「人びとの味あわねばならぬ苦難を自らも避けることなく静かに受けてみたい」（『あるいてきた道』）と向き合う宮本常一はまるで、一人の巡礼のようでもあった。伝統的な旅の一つである巡礼には、身体の鍛錬や内面の成長とともに、苦しい状況にある者と同じ辛さを分かち合う含意がある。宮本常一はちょうど自身が尊敬していた鎌倉時代の遊行僧、一遍上人のように、その本質を体得していたのかもしれない。

## 世間師の知

宮本常一の旅には、必ず旅先の土地で人々との語らいがあった。行きあったお百姓さんや、一宿一飯を世話になった家族、相部屋になった旅人、半生を聞かせてくれたお年寄りたちとの出会いは、その旅を忘れ得ぬものとした。

「宮本先生はね、ごくごく普通の人が好きなんですよ。本当にその土地のことを知ろうと思ったら、その土地の人が先生だと教わりました」（賀曽利隆）

そうして出会った人々と話し合い、田畑を一緒に歩いてみることで、「お互いが啓発されていった」（『民俗学の旅』）という。その実感から、「私など国の中だけを歩いたにすぎないが、多くの人がもっと視野をひろくして国の内外を問わず歩き、民衆の歴史を明らかにするとともに何とか平和な世の中をつくってもらいたいものだと思う。歩きつづけてみて民衆ほど平和をもとめているものはないと思う」（『旅にまなぶ』）と願っている。

旅で得た知見は、村々の将来に役立てようとした。優れた農業技術があれば習い、必要とする人に伝える。参考になる地域があればその例を別の地域にも知らせる。常一はこれを旅人の役目と心得て、自らを「伝書鳩」と任じた。

日本の村々ではかつて、広い世間を旅して学び、人々の相談にのるような人物を「世間師」と呼んだという。「伝書鳩」は言い換えれば、その「世間師」であった。

宮本常一流の旅学の真髄はこのように、旅の経験を人や地域の未来に活かそうとしたことだろう。

そうした旅の中で宮本常一は、「進歩とは何か」という問いを深めている。

私は長いあいだ歩きつづけてきた。そして多くの人にあい、多くのものを見てきた。それがまだ続いているのであるが、その長い道程の中で考え続けた一つは、いったい進歩とは何であろうか、発展というのは何であろうかということであった。すべてが進歩しているのであろうか。停滞し、退歩し、同時に失われてゆきつつあるものも多いのではないかと思う。失われるものがすべて不要であり、時代おくれのものであったのだろうか。進歩に対する迷信が、退歩しつつあるものをも進歩と誤解し、時にはそれが人間だけでなく生きとし生けるものを絶滅にさえ向かわしめつつあるのではないかと思うことがある。(…)

多くの人がいま忘れ去ろうとしていることをもう一度掘りおこしてみたいのは、あるいはその中に重要な価値や意味が含まれておりはしないかと思うからである。(『民俗学の旅』)

進歩の意味を考える宮本常一の目は、中央と地方の差に注がれてゆく。

たとえば中央政府主導の画一的な学校教育は、地方の実情にそぐわない側面があると指摘した。

また、観光についても、外部資本によって観光客に媚びた開発をしても地元住民にはほとんど利益にならない、と早くから警鐘を鳴らした。

こうして地方の問題に思いを巡らせていた頃、宮本常一は、旅行会社・近畿日本ツーリストの副社長である馬場《ばば》勇《いさむ》に出会う。

## 「旅の大学院」誕生

### 近畿日本ツーリスト・馬場勇の決断

馬場勇は一九四八年（昭和二十三年）に、近畿日本ツーリストの前身となる日本ツーリストを創業した。社史小説『臨３３１１に乗れ』（城山三郎）によると、馬場の豪傑ぶりはあたかも「野武士」の大将だったという。日本で初めて修学旅行生専用の臨時列車を走らせる、世界に先駆けてコンピュータによる予約システムを導入するなど、前代未聞の諸行に強気で斬り込んでいく勢いの表現だ。「人間は、日に四度、メシを食うものだ」「三度は、ふつうのメシを食う。あとの一度は、活字のメシを食え。つまり、読書だ」が口ぐせの読書家でもあった。

宮本常一が馬場勇と知り合ったのは、近畿日本ツーリストが創立十周年を迎える頃である。十周年を記念して同社と協定旅館連盟は、日本の宿の歴史に関する本の執筆を常一に依頼した。

その本『にっぽんのやど』（市販本『日本の宿』現代教養文庫）完成祝いの席で、宮本常一と馬場勇は来たるべき観光を語り合って意気投合したという。

「これからは労働時間よりも自由時間の方が多くなる。今までは自分の仕事にぶちこむことで自己の成長完成があったが、これからは自由時間の利用による人格形成の方が大きくなるのではないか、それにはその対策が考えられなければならぬ。その一つは人びとを太陽の照る下にできるだけ出てもらって、いろいろ考えたり、行動したり、その中で人間として成長していくようにすることも大切な条件の一つになるのではないか」（『旅と観光』）

馬場はすぐさま常一に、旅と観光についての研究を勧めた。常一は快諾し、一九六六年（昭和四十一年）、近畿日本ツーリストによって、宮本常一を所長とする「日本観光文化研究所」（観文研）が開設する。

それにしても、かたや団体旅行の手配会社、かたやふらり気ままな旅人である。両者はよく惹かれ合ったものだ。宮本常一は急成長する観光業の在り方を批判してもいる。

旅をするということは、自分の目で物を確かめることですが、それが今日の旅をみますと、必ずしもそうではない。例えばガイドブックというものがありまして、そのガイドブックを持ってどこかへいく。で、ガイドブックを読んでおって、「ああ、そうか」、それですべてが終わったような顔をして帰ってくるというのが、今日の観光旅行であるのです。（『旅にまなぶ』）

いま旅行する人は多くなったけれど、このような心のふれあいは少なくなってゆきつつあるのではなかろうか。地方をあるいてみると、いたるところで観光開発と観光誘致の構想をきく。観光によって地元の人は何を得ようとしているのであろうか。（…）旅行は盛んになりつつ、人と人との結びつきの機会はかえってうすれつつあるように思う。（『旅と観光』）

こうした批判に対し、旅行業者ならば反発もありそうではないか。

しかし馬場勇は、基盤事業であった修学旅行をはじめ、より実り多い旅を創り出していくのは旅行会社の責務だと考えていた。宮本常一の長男で、観文研の事務局長を務めた宮本千晴は、馬場副社長について次のように伝えている。

「旅行社の社会的な役割りについて真剣に考えていたようですね。すでに観光公害の起るべきことを見ぬいていたし、顧客サービスと観光業としての公共サービスとのギャップに悩んでおられたようです。オヤジ（宮本常一）が例によって、旅行屋の悪口を言ったのでしょう。それでかえって副社長と話しが合ってしまった」（『あるくみるきく』九五号）

社史小説によると、馬場は事業拡大のためなら大胆に借金を頼み、収支の帳尻合わせには無頓着なところがあったらしい。研究所の運営も、あるいは懐事情をさしおいた決断だったのかもしれない。

しかしながら、巨額のコンピュータ導入が結果として功を奏したように、馬場勇の眼力は、この研究所に広大なスケールでの収穫を見通していたのだろう。

## 人と地域を育てる

所長を引き受けたものの、宮本常一は武蔵野美術大学の教授や、離島振興協議会ほか、多数の役目を兼務していた。そこで観文研の運営を実質的に担ったのが、宮本千晴だ。

家を空けていた父と子の縁は薄かったという。しかし「父の夢をそのとおりの方向で実現させるとすれば、私が一番の適任者だという気負いもあった。いや、それより父がはじめて私を求めたのである。私はいやおうなくその話を受けた」（『宮本常一 ―同時代の証言』）と、宮本千晴は経緯を綴っている。元所員の田村善次郎によると、「事務局長的な人が必要だけど、海のものとも山のものともわからないですから、うかつな人を連れてくるわけにもいかない、そこで宮本先生は千晴さんを引きずり込むんです。観文研は、千晴さんがいたから動いた、みたいなところがあるんじゃないかなあ」という次第だ。観文研がめざす方向は、議論の末、次のようにまとめられた。

研究所の目的は、究極的には「よりよい旅」を薦めることである。もちろん旅に善し悪しがあるわけではなく、たとえあったとしても研究所の決められることではない。しかし研究所がその目的として重視することにしたのは、旅の持つさまざまな効果、機能のうち、人々は旅をすることによって、知らない世界や人と直かに接触して交流する。それを通じていろいろなことを自ら発見し、考え、しばしば感動する。つまり旅は日常の枠を越えたところで経験や学習ができる可能性が広くあるということである。この可能性をできるだけ大きく広くすることによって、国民一人ひとりが直に日本や世界を見直し、その中で日本における地方、世界の中の日本、さらには自らの進路を考えてもらおうということである。（「資料室ニュースNo.12」）

柱は大きく二つあった。一つは、旅人との交流を通した、地域の自信回復である。

「最初に親父が考えていた観文研の仕組みがどういうものだったかはよく分からないんですが、とりあえず、観光というものをただの遊びではなくて、もう少しクリエイティブな効果を持つものにしたいと、そういう目標ははっきり持っていたと思うんです。

とにかくいろんなものが中央からコントロールされる社会に変わっていきつつある横で、地方には、戦後パッと増えた人口がまた落ち込んで、年寄りが残っていく傾向があった。しかも地方で生産した余剰資金は、子どもの学費として、全部中央へ送られていく。その結果、育った人材は、地方へはごく一部しか戻ってこなくて、全部中央での生産にまわされていく。その構造の恐ろしさに、いてもたってもいられない気持ちになったわけですね。

それでなんとか地方を少し、今風の言葉で言えば、〝活性化〟する。それから、地方と中央ではなくて、地方と地方のネットワークも作っていく。そういう効果を観光に持たせることができないだろうか、という願いがあった。

まあ、実現の可能性はまったく未確定な、夢ですけどね。目標ははっきりあった。地方にどうやって、自信をもう一回持たせることができるか、と」（宮本千晴）

二つめは、旅人の育成である。「いろんなものを地方に伝えて欲しいんだけれども、やはりいい旅人がたくさんきてくれなきゃあいけない」（『あるくみるきく』七〇号）と宮本常一はいう。

「いい旅人」とは、「地元が自信を失ってたり、気がつかなかったものに、すばらしいじゃないですかっていう評価を与え」ていくような旅人である。また、「国の外でも、中でも、にぎやかなところ、人のたくさん行くところに行くんではなくて、へんなところばかり歩いてるような」姿勢の旅人だ。

観文研は、「いい旅人」を育成する社会教育の実験となった。

「もっと若い人たちを太陽の下に引っぱり出したい。もっとすみずみまで日本を歩かせ、世界を歩かせて、自ら発見し、評価し、交わるようにしてもらいたい――それが地方を、日本を文化的に再生させる引き金になるのだ」（『あるくみるきく』一九一号）

理想は経済開発のためというよりも、知的交流のための旅だった。

この目標を叶えるために取った方針が斬新だ。

研究所だというのに研究に関してはほとんど未経験の若者を集めて、旅費を渡し、どんどん自由に旅をさせたのである。

宮本は所員たちに思い切って歩かせる方針をとる。食べさせることはできないまでも、歩くことに人生を賭けようという腹がきまった若者たちには、それぞれの関心を尊重しながら、徹底して歩いてもらう。それによって研究所としての独自の課題を見つけ、またいざとなれば一人になっても歩き続けることのできる野育ちの研究者を目指したのである。所員と研究所の共同出資の研究所運営といってもいいし、研究費つきの野外大学院といってもいい。（宮本千晴『あるくみるきく』一八一号）

旅に学ぶ、いわば旅学の大学院の誕生である。

宮本千晴は、次のように構想していたという。

「研究所の運営方法はいろいろあり得る。優秀な人を募集したり、コンテストなどで成果を評価する方法もあるだろう。しかし、すぐれた成果だけ拾い上げて支払いをするならば、一番うまくやっているのは出版社だ。素人の我々が出版社と似たようなことをしてもしょうがないんじゃないか。

それならば、何かに価値を見出して夢中になっている人の中から、我々と共通の価値観を持っている、父の目標と同じ方向になり得る若い人たちを集めてはどうか。その人たちは、きっとみんな金のないどん底にいるし、将来不安の真っ只中にいるわけだから、それを少し助けて、後押しをして、できる指導はしてみる。

だけど最終的には、その人たちそれぞれが興味を持つ方向に、存分に走らせてみよう。そうしておけば、この研究所がいつまで続くか分からないけども、仮につぶれたとしても、その人たちが本来やりたかったことは生涯自分たちで続けるにちがいない。それが一番、効率がいいのではないか」

こうして、馬場勇の器と、宮本常一の夢に、宮本千晴という実務者を得て、旅人と地域を育てるユニークな研究所が動き出した。

## 教育者・宮本常一

観文研は、東京の神田にあった近畿日本ツーリストのビル内に置かれた。最初は同社の資料室として設置され、まもなく研究所と名がついた。当時の雰囲気を知るメンバーは、宮本常一所長の印象をこう語る。
「うん、田舎のおやじだな、と思って（笑）」（伊藤碩男）
「神田のビルで入り口が分からなくてうろうろしていたら、なんかニコニコしたおじさんに声かけられて、観文研に連れてってもらった。掃除のおじさんかと思ったら、それが宮本常一先生だというので驚いた」（白根全）
愉快気な感想は、気負わない関係を表している。宮本常一は観文研の若者たちを紹介するとき、弟子とも教え子とも言わず、「若い友人」と呼んだという。
しかし、宮本常一の膨大な知識には誰もが圧倒されていた。特に、その語り口は呆気にとられるほどだったという。
「ほんまに、ようしゃべるわ、と（笑）。引き込まれてしまうんですよね」（田村善次郎）
「研究所で昼時に宮本先生と二人になると、食堂行ってね、ご飯食べながら、先生が一人でえんえんと話をするのよ（笑）。一時間近くね、ほんと、よくしゃべってくれた。私はうなずいてるだけでね」（須藤功）
「僕が宮本先生にお付き合いいただいたのは先生の晩年ですが、まあ、非常にエネルギッシュでね。特に貴重だったのは、帰る方向が同じだったものですから、カバン持ちをして一緒に電車に乗ると、本当にね、次から次へとお話しになるんですよ。それで止むことはない（笑）。僕にとっては個人授業みたいでしたねえ。かけがえのない時間でした。ここに行ったらいいよとか、ここに行ったら誰に会えとか、

アドバイスもしてくださったしね。ご自分の調査の体験をお話されることもあった。それが僕にとっては宝物ですね」（村山道宣）

お喋りがそのまま講義だったようだ。

また、宮本常一は人を育てるのが上手だった、と言われる。

第一の指導法は、おだててそそのかすことだ。

「先生ってやっぱりね、人のそそのかし方がうまいですね。何か、人をやみつきにさせる。学生の話も謙虚に聞いてメモを取られて、我々が気付かなかったことや、より一層面白くなる捉え方を指摘してくださって、最後にはエヘヘって笑って、〃どうだ、面白いじゃろう〃と。その繰り返しでしたね。おだてて学生をその気にさせて、火をつけて」（谷沢明）

第二に、歩かせる。

「とにかく歩け歩けって。フィールドに出ろ、旅をしろという」（谷沢明）

若者を見れば、「いいから歩くことだよ。歩け、歩け、日本でも外国でもいい、まず歩いてみることだ。そうすればかならず、その人の未来に尾をひくような発見がある。構えずに、ふらあっといけばいい。そして心に引っかかるものがあれば追っかければいい。そこから観たり聴いたりする旅がはじまり、自分自身の発見を自分自身のことばで考える旅がはじまる。流儀は人それぞれでいい。要は自分自身の視点、ひいては思想の骨組を発見することだ」（相澤韶男『美者たらんとす』）と、けしかけたという。

第三に、まかせる。

「私はよくびっくりしたよ。たとえば観文研に入って間もないときだけど、ある学会の理事になれ、一万円の給料が出るから、と言われて、行ってみると相手は五十代、六十代で一流の財界人や学者なんですよ。こちらは二十代半ばでしょ。これは参ったなあと思って、辞めさせてくださいと言ったら先生は〝エヘへ、まだちょっと早かったかな〟と笑っていましたよ。

若いものに責任を持たせて、やらせる。これは宮本先生も渋沢敬三にやられた手法なんだよね。どんどん放り込まれてる。同じように観文研の連中も育てたわけよ」（森本孝）

建築専攻の学生であった谷沢明は当時、古い民家や町並みを丹念に記録していたが、観文研で宮本常一から学んだのは民俗学ではないと言う。

「宮本先生から民俗学的なことをどれだけ学んだか、ふと振り返ると、これはゼロに近いなって（笑）。人をそそのかすのがうまいとか、おだて方がうまいとか、そういう、本筋からずれた印象のほうが強いんですよね。

たとえば、学生が企画した講演会で御礼に金一封を渡そうとしたら、先生は受け取らないんですよね。なけなしのお金を集めたのだから君たちが有意義に使ってほしい、と。それだけだと単にかっこいいおじさんですけどね、園芸学科の学生が育てた蘭か何かの鉢植えがおまけであったんです。それを先生はえらい喜んでね。これは素晴らしい蘭だ、絶対に欲しい、と鉢を抱えて嬉しそうに帰っていく後ろ姿に、人間の本質的なかっこよさってこういうものだと思いました。

我々はそういうことを一挙一動、教えていただきましたね。

どこかの大きな講演の後で宴席に呼ばれてもね、先生は用事があるからって断られて、そのあと僕らに〝腹減ってんだろう、飯食ってくか〟。用事ってそれなんですよ。先生って面白いねえ、って。そういう先生なんです。そうやって若い人に最後の最後まで語りかける。だから人生を狂わされるんです」

伊藤碩男は、初対面での宮本常一の思い出は「カレーライス」だという。

「初めて宮本先生をお宅に訪ねたとき、夕飯時になって、カレーライスが出てきた。びっくりしたのね。見も知らぬ人間がいきなりやってきてですね、こんな接待を、夕飯を、カレーライスを出すという。今は珍しくないけど、そのころは貴重品ですよ。食べたこともないようなカレーライスをね、出してくれたんだよ。ほんと、たまげた。

だからそのとき、人をおもてなしする食事というものは、一番大事だな、とわかった。それが宮本先生と初めて会ったときの話です」

多くの若者たちが、このような宮本常一に焚きつけられていったのである。

# 第二章　旅人の肖像

## 有象無象の研究所

観文研には、個性的な若者たちがぞくぞくと集まった。

面白いのは、「所員」という区別がはっきりなかったことだ。事務所への出入りは誰でも自由だった。来るもの拒まず、学歴も資格も研究実績も要らない。「出入りする人の全てが所員であるとも言えるし、所員は一人もいないといっても良いような組織」（田村善次郎『観文研二十三年のあゆみ』）である。常時三、四〇人ほどが、所長の講義を聞いたり、旅の報告に来たりしていた。

なかでも中心的な母体は、宮本常一が教えていた武蔵野美術大学の卒業生たちである。

宮本常一は武蔵野美大で生活史の講義のほか、放課後に独自の研究会をひらいていた。そこには学科や大学の枠を超え、生活デザイン、舞台美術、建築、農業など、さまざまな専攻の学生たちが現れた。

「なんせ宮本先生の話が面白いから、講義だけではおさまらなくて、学生たちが研究室に押しかけてくる。それで先生は一週間に一回と応対日を決めて、生活文化研究会という名前にしたんです。

あの頃はよその大学の面白い先生の講義を聴くのが流行って、宮本先生のところにもいろんな人がモグリで来てたの。生活文化研究会なんて、へたすると外部の人たちのほうが多いくらいのときもありましたよ」（田村善次郎）

学生には、古い民具を収集してまわる者もいれば、建築のデザインサーベイで町並みを見歩く者もいた。生活文化研究会ではそんな学生たちの発表と宮本常一の語りが繰り広げられた。

やがて、卒業しても旅や研究を続けたくてすぐには就職しない学生が出てきた。むしろ宮本常一が寄り道を煽ってもいた。

「就職先を見つけるのが大学の一つの役割だと考えられているとすると、宮本先生はまったくはずれてるわけよ。就職の世話は一切しない（笑）。先生は、サラリーマンになるなと言うんだからね」（伊藤碩男）

そこで卒業生たちの受け入れ先となったのが、観文研である。

「卒業してしまうと、調査を続けたくても拠点となる場がない。大学院って今よりももっと専門的で、みんなが行くようなところではなかったんです。そういう人たちに、もう少し継続的に調査をさせるつもりでつくったのが、観文研なんだろうと思うんですよ」（印南敏秀）

田村善次郎氏（2017年）

観文研は、学校を離れた生活文化研究会の延長ともいえた。

武蔵野美大とは別に、のちに民族文化映像研究所（民映研）を起ち上げる姫田忠義と伊藤碩男もまた、観文研の黎明期を支えた人物である。シナリオライターをしていた当時三十代の姫田忠義は、宮本常一の文章に感動して会いに行ったのを機に、近畿日本ツーリスト創立十周年を記念したテレビ番組シリーズ「日本の詩情」（一九六五年）の制作に加わった。姫田とともに観文研に通った伊藤碩男はこう伝える。

「姫田から聞いたことですけどね、旅というものが今まことにお粗末な状況にあります、という宮本先生の一文を新聞で読んだそうです。たとえば修学旅行ではみんなで枕投げをして終わってしまう、京都や奈良を巡っても、子どもたちの心はその地域の文化を受けとめているだろうか、現在の旅のさせ方は間違っていないか、と。もう一つ、農協の旅というものがあるが、これは温泉地へ行って酒を飲んで芸者をあげてバスに乗って帰ってきてしまう。しかし本当の旅とは、少人数で歩いて、その土地の文化を見習って、自分のものにするなり他の人に伝えるなりして、生活に寄与することじゃなかろうか、という内容だったそうです。これを読んだ姫田は宮本先生のところに飛んでいって徹夜で語り合った。先生も姫田みたいな風来坊をよく受け入れてくれたと、姫田自身が驚いていました」

伊藤碩男のほうは当時、映画会社の照明係を経て、キャメラマン（映像カメラマン）として独立していた。民映研の共同創設者となる小泉修吉の作品『農薬禍』に関わったことで、ドキュメンタリー映画を撮ろう、と決心していたという。

「そのころ宮本常一先生と会って、民俗学とは文字のない人の学問であります、と聞いてね。それが学問になるのならば、その方法は文字ではない、映像だ、と思った。それもドキュメンタリーに惹かれた一つのきっかけだね」（伊藤碩男）。

姫田忠義と伊藤碩男は、観文研で機関誌を創刊するにあたり、それぞれライター、カメラマンとして取材を担うことになった。

「宮本先生に呼び出されて、〝写真撮れるだろ?〟って聞かれて。実は、僕は写真家ではないんだよね。

だけどその時はね、もしかしたら旅ができるかなと思って、うん、って言っちゃったわけ（笑）」（伊藤碩男）

また、早稲田大学の学生陣も多くいた。きっかけは、観文研に事務職で採用された西山妙（旧姓・志村）が早大出身だったことだ。西山妙が資料整理などのアルバイト募集で母校の学生に声をかけると、東洋史ゼミの大学院生やアジア学会というサークルのメンバーが来て、そのまま居着くようになった。

東洋史の院生たちは歴史学の作法を身につけ、文字資料の精査に長けた学究肌であった。そのため観文研では、観光資源の文献調査や、機関誌の編集を担当した。

アジア学会は、部室の壁一面にタクラマカン砂漠の地図を貼り、チベットやネパールに憧れていつも山道具を置いているようなサークルだったという。地理や民族学の本がよく読まれていた。探検肌半分、学究肌半分といった面々だ。

さらに、東京都立大学山岳部出身である宮本千晴と、その友人で東京農業大学探検部の創設者である向後元彦の仲間たちも、一群を成した。全国の大学探検部・山岳部を出た屈強たちである。

宮本常一を慕って来た者たちは主に国内の地方を歩き、昔ながらの暮らしや民具に関心を持った。宮本千晴と向後元彦に惹かれた者たちは海外へ、特に、日本人にとって未知の地域への探訪を求めた。中には、宮本常一の思想に触れて国内の民俗に目を向けた探検派や、向後元彦たちの探検学校に加わって海外に渡った民俗学徒もある。

また、高校卒業後から自衛隊の写真班で働いていた須藤功や、大学へ行くかわりにバイクで世界一周を遂げた賀曽利隆も、観文研で大きな力を発揮した。

「だから観文研はいろんな奴の寄せ集めみたいなもんで。そういうのがみんな一緒にいて、いろんな仕事をするようになる」（田村善次郎）

宮本常一の教え子である美大生たちと他大のモグリ、ドキュメンタリー映画人、バンカラ学生、探検野郎と山男、写真家、バイク乗り、等々を構成員とする不思議な「研究所」である。「所員」とはいえ、いずれも「学者」ではない。ただ湧き立つ好奇心だけを原動力にした、まぶしいくらいの若者たちだった。

ここでは全員を掲載できないが、これまでの旅を振り返ってもらったインタビューをもとに、そんな元所員たちの半生を一部紹介したい。

## ❖「壊さない建築家」と草屋根放浪の旅（相澤韶男）

「根っからの風来坊っていうか、浮浪者」と自認する相澤韶男の思考と言動は、いつも四方を無尽に飛びまわっている。

小学校では授業中もお喋りばかり、よく窓際に立たされたので「カーテン」とあだ名が付いたという。中学の頃は電波時計をつくる電子工学に憧れた。高校からは映画館の音響が欲しいあまり、真空管アンプ作りに熱中した。電器屋に勤める友人の手を借りて、回路図どおりアンプを組み立てる。それをばらしてまた自分で組み立て直す。スピーカーボックスは段ボール製だ。受験勉強もせず電器屋に入り浸り、手伝いながら技術や商売も教わった。

高校の授業では、「これは受験に出ないから勉強しなくていい」と言われるとかえってやりたくなり、空間幾何学の図面の問題を珍しく復習したことがある。副投象面に実形断面を描く瞬間、「脳内の血流が動くのを感じる」ほどの快感を覚えた。結局、その問題は意外にも中間試験に出され、誰も勉強していなかったので一人満点を取った。これにより、人がやらないことをやるといい、と学んだそうだ。

進路は、シドニーのオペラハウスの斬新な設計に感動し、美術建築を目指す。高校三年冬からデッサンを習い、二浪して武蔵野美術大学の建築専攻に入学した。ところが、期待していた空間幾何学の製図が、中学で習った内容だったのでがっかりしてしまう。講義にも建築雑誌を眺めるのにも満足できず、「実物を見よう」と、夏休みに日本全国一〇〇ヶ所ほどの建築行脚を企てた。宿は同級生たちの実家に押しかける。一九六四年、放浪癖の幕開けだ。

しかし旅で得たのは、現代建築への失望だった。「現代建築のもつ新しさと、地方における生活文化とがひどくアンバランスであることを感じた」（『あるくみるき く』三八号）のである。コンビナートを美しい造形と思っていたが、瀬戸の島々でそれが公害の原因であるとも知った。むしろ古い建物や民家の美しさに惹かれたという。生まれは茨城、旧水戸藩の攘夷思想の中で育った相澤にとって、風土古来の文化を壊して新建材で建て替える「文明開化」は疑問に映ったようだ。

「どこ行っても面白くない、建築家がみんなぶっ壊しちゃってて」

漁村や宿場、茅葺き屋根などの伝統建築に興味が移った相澤韶男は、宮本常一の講義や生活文化研究会にもぐり込むようになる。観文研にも誘われ、姫田忠義に同行して瀬戸内海や佐渡を歩いた。そんな大学四年目の一九六七年、相澤韶男は一人で南会津に茅葺き職人を訪ねる。

その村に入った瞬間、息をのんだ。目の前には、時を超えたように、茅葺き屋根の家々がずらりと並

福島県南会津「大内宿」　江戸時代の宿場の姿が今に残る

んでいた。江戸時代の宿場そのままの佇まいだ。見事な光景に圧倒された。人生を変えた村、大内宿との運命の出会いである。

「こんな所は他にはない。なんとか史蹟や重要民俗資料として保存できないだろうか。村や村人を不自由な博物館の中にとじこめてしまうのではなく、いっそう村を発展させる保存はできないだろうか」（『あるくみるきく』三一号）と、相澤の奮闘が始まった。

しかし建築学の先生たちに助けを求めると「茅葺き保存なんて考えてたら飯の食い上げだ」と冷たくあしらわれた。村では唐突に現れて建て替え禁止を叫ぶよそ者の学生に対し、戸惑いもあった。そこへきて新聞が相澤の訴えを取り上げたため、のどかな村にメディアや観光客が押し寄せたのである。混乱の中、茅葺きを残すべきか否か、意見は二分された。相澤は大内に通い、矢面で悩み抜いた。

行き詰まった相澤は就職活動もせず各地の街道と宿場をめぐる。リュックを背負い、ヒッチハイクをしながら見歩いた結果、やはり大内以上に茅葺き屋根を残す集落はない。価値を再認識したが、保存への道は膠着状態だった。

一九七〇年、相澤は大内を後にし、横浜港からユーラシア大陸への旅に発つ。海外の古い町を見るためだ。ソ連から欧州、中東、アジアにかけて、自分の目で確かめながら、一日三万歩を歩いた。外国語が不自由な分を補うには、博物館で道具の歴史を辿った。古地図からは都市の成り立ちを推察した。

外国を歩いたのは、今振り返っても、まぎれもなく大きな経験だったという。

ヨーロッパでは自分たちの文化を実に大切にしている、と知った。再開発地区では、すべてを新しくするのではなく、古いものを土台に、壁を塗り、設備を入れ替え、もとの良さを活かしながら町をつくっている。ポーランドのワルシャワでは、戦火で破壊された市街も、残された写真や絵をもとに復元していた。

海外の旅は、「日本の常識には、非常識が多いことを知る初めての経験」(『美者たらんとす』)の連続でもあった。イラクで持っていた地図を拡げたら、地元の若者がイスラエルとあった文字を消して力強くパレスチナと書き込んだ。スペインへの国境を越えるときは出稼ぎのポルトガル人に混じり、遊びともいえる旅をしている自分を省みた。ギリシャでは「遺跡のすぐ隣に麦畑を耕す百姓がいる。観光や僕たちはいったいこの人たちにとって、何の役に立っているのだろう」(『あるくみるきく』一〇四号)と考えた。

半年後に帰国した相澤は、強すぎたカルチャーショックで茫然自失に陥る。さらに、無茶な旅や貧乏生活がたたってか、肺を病んで入退院を繰り返した。しかし、会津で緑地公園を計画していた造園家の柳沼節子と結婚すると、肺の手術一年後には、リュックサックを担いでアメリカ大陸へ新婚旅行に出かける。入院中に国民百科事典を読破し、その中でインカ文明に関心が湧いたからだ。

メキシコでは先住民の老夫婦に草屋根の家を見させてもらっている。チチカカ湖の浮島では、観光客で賑わう反面で困窮する住民の生活に動揺した。アメリカ合衆国では博物館をめぐり、学芸員の話を聞き、植物を専門とする節子の知見のもと、新たに民族植物学の視座を得たという。

息子が生まれると、今度は親子三人、キャンプ場に寝泊まりしながら車で東欧・西欧と北アフリカを周った。民具や洋式生活の源流を探る旅だ。

さすらい続ける相澤は「私の旅には目的地というものが無かった。いいかえれば、人が長い間生活してきた所ならばどこでもよかったのである。これは私の旅の目的が、人がどのように生きてきたかを知ることにあり、自分を含めて、人がどう生きてゆかねばならないかを探し求めていたからで、旅そのものが目的であったといってもよい」（観光研究論文「村落共同体と観光」）という。

そうしている間の一九八一年、大内宿はついに、国の重要伝統的建造物群として選定を受けた。相澤の悲願は通じたのだ。しかしその胸中は複雑だった。村は観光地化が加速し、週末ともなれば車の渋滞が排煙を巻き起こしていた。

「農業をする人は減ったよ。本当は単なる観光地ではなく、草屋根の家に泊まって田畑を手伝う、滞在型の修学旅行の拠点として私は考えてたんだよ。石ころを拾うくらいしかできないけど、それでも百姓は助かるでしょう。村としてまず自分の食うものは自分で作る。その上で見学者もいるなら迎えればいい。大内で〝観光〟っていう言葉は、私は使ってません」

相澤韶男氏（武蔵野美術大学勤務時代に担当科目の受講生が提出物に添えてくれたもので、描き人しらず。）

とはいえ現在、多くの客を惹きつける茅葺き屋根の村は、さながらかつての宿場の賑わいを取り戻したかのようだ。若者が戻り、子どもが生まれている。住民は忙しくもいきいきと接客し、来訪者は囲炉裏端にほっとする。民宿「山形屋」を営む女将は、炉端でネギを炙りながら、「夜になるとみんな集まって、火ぃつついて。こういうところ来るとどんな人でも素直になれるんだよ」と充実した笑顔を見せる。

実は、相澤韶男がここまで大内への旅を続けて来られたのは、当時農家であった山形屋で迎えてくれた先代、ツネさんの存在ゆえだった。相澤が訪ねた茅手職人・一《はしめ》さんの妻《カカア》であるツネさんは、茅葺きの家々を覗きまわる見ず知らずの風来坊を泊めてやり、食事をさせ、ボロを着ているので服もあげて、世話をした。すべて無償の親切だった。相澤は息子同然に居着かせてもらったのである。

「あの人が俺を育ててくれたんだから。ツネさんがいたから村に通えた」

どんなときも優しく迎えてくれたツネさんは、切なる恩人だ。そのツネさんが二〇二〇年、百六歳でなくなった。五三年の世話を受け続けた。

「食い詰めていれば恵みを賜る。賜るからお返しをしようとすると、それは次の世代にすればいい、って言葉が返ってくる。そうすると善人として生きていかなきゃいけない」

施しを受けると旅の認識が変わる、と相澤はしみじみ語る。

相澤にとって大内宿での旅はまた、真空管回路に夢中になった延長でもあった。回路に電圧を加えると電流が変化する。同様に、村に刺激をもたらすと何かが変わる。その面白さにはまった、と言う。

大内宿の保存に関わり続けて半世紀になる。茅葺きなど残してどうすると叩かれもしたが、今、大内宿は会津の名所となった。相澤はいつしか「壊さない建築家」を名乗るようになっていた。

「小学校のとき、『まごころ』っていう本を読んだんですよ。それは登場人物が最初みんなに誤解されるんだけど、本心がわかって誤解が解かれるという筋書きなんです。たとえば愛想が悪いと思われていた郵便配達人が、実は耳が聞こえなかったと分かるとか。理解されない人には理由がある、という本なんだよ。この本の影響は大きかったよ。いまだに、誰がなんと誤解しようと自分の主張を曲げない、理解されなくてもいい、って思いがある」

「壊さない建築家」の旅はようやく、時代に理解されてきたのかもしれない。

## ❖南アジア遺跡と密林探検の旅（岡村隆）

「旅に、精神の濾過を求めていた。真にぼくだけのものと言いきれる心の結晶を、餓鬼のごとく欲した」（『あるくみるきく』五七号）。初めてのモルディブの旅から帰った一〇年後、岡村隆はこう綴っている。

霧島連山を仰ぐ宮崎県小林市に生まれ育った岡村隆は、小さい頃から探検家になるのが夢だった。『トム・ソーヤーの冒険』や『ロビンソン・クルーソー』、『十五少年漂流記』に憧れて、山を登ったり、自作のいかだで川を下ったりして遊ぶ少年だったという。特に、中学生で読んだトール・ヘイエルダールの『コン・ティキ号探検記』には強い影響を受けた。高校生になると大学探検部の動向が気になり、受験雑誌で偶然「法政大学探検部がインド洋のモルディブ諸島に遠征予定」という情報を目にするや、その探検部への入部を決めてしまった。

当時独立して間もないモルディブは鎖国状態にあった。しかし岡村ら三人の法大探検部員は隣国スリランカまで行って交渉をねばり、一九六九年、日本人初となる入国を果たす。「初めての外国として住み着く未知の国で、人々と交わりながら生活すること自体が望みだった」（『モルディブ漂流』）という。

「人類学に興味があったけど、まあ学部三年の学生だしね、たいしたことができるわけじゃない。そのうちフィールドノートほっぽり投げて遊び呆けてさ」

岡村たちは蒼い海に飛び込み、釣りや魚突きをして島の少年たちと戯れた。そうして三ヶ月が経ち、他二人は出国していったが、岡村は離れがたく一人で首都マーレ島に残った。ゴムボートやテントなどの装備は売り、ザック一個の荷物で、地元の漁師の家に身を寄せた。「ほとんど無一物の状態となり、そうなることで、より長くより深くモルディブに暮らす契機を作ろうとした」（同）のだ。この時たしかに岡村の旅は、一歩深い領域へと踏み出していた。

島唯一の異邦人となった岡村は、庭先のジョーリ（編み椅子）で談笑し、米と、リハクルと呼ぶ魚のスープ、干しトウガラシの素朴なごちそうに満たされ、スコールとコーランに時が移ろう日常に身をゆだねた。暑い昼間は海で泳ぎ、家に戻ると、天井から椰子のロープで吊るしたオンドリと呼ぶ揺り寝台でくつろいだ。漁師の家には娘がいた。娘も隣に座った。若い二人が恋に落ちたのは、自然ななりゆきだったのだろう。

しかし、あるいは若すぎたのかもしれない。為す術もなく、やがて帰国の日がきた。イスラム教徒になってここにいてと叫んだ娘の顔は、岡村の目の奥に焼きつき、ずっとわだかまり続けた。

「あれだよ、いくとこまでいったわけじゃないんだよ、心の問題なんだけれども。人の心に踏み入るような旅は、人を対象とするような探検は、自分のような人間は、ちょっと迂闊にはね、やってはいけないことだな、と」

胸の底から絞り出すようにして振り返るモルディブの日々は、「旅の意識のありようを決め、価値観の方向さえも与えてくれた原体験の場」（同）となった。

「初めて行った外国だし、そこで半年以上過ごして、人々と知り合って、別れるとき泣いたりってこと、それはやっぱり今までの旅で一番印象が大きいよね」

それからの岡村隆は、人間と深く関わるのを避けるように、古代遺跡に対象を定めた。一九七三年には、法大探検部からスリランカに最初の隊を繰り出す。親しくなった地元の役人から、スリランカのジャングルには未発見の遺跡が数多く埋もれていると聞いたからだ。探検のロマンを感じたし、明確で客観的な目的を追う旅には、かつての感傷的な旅とは違った充実があったという。

観文研にはモルディブ帰国後から出入りし始めた。スリランカ遺跡の報告書づくりは、観文研が支援してくれた。そのとき、宮本千晴からこう言われた。

「岡村、これは一生かけてやるような仕事だぞ。最低でも一〇年は続けるといい」

その言葉を糧に、岡村は大学卒業後もスリランカ遺跡探検に関わっていく。

しかし、その間に探検部の後輩と結婚し、旅行業界誌の出版社に勤め、三十代ともなると毎日は忙しく過ぎていた。このころは「ごく普通の旅の感性や、旅をしようという気持ちさえ、私は失っていたように思う」（同）という。「貧乏しながらも、金を貯えて旅に出ては何かを見つけ、それを大事にするために勉強するという、若い頃の生き方からは、なんと遠く離れた場所へ来てしまっていたことか――。／貧乏暮らしが、というより、根なし草の生き方がつらくなったのは、一体いつごろからのことだったろう。あるとき気づくと、同じようなことをしていた仲間は、ひとり消え、ふたり消えして、ほとんどいなくなっていた。（…）私はある日、サラリーマンというものになっていたのだ」（同）。

ところがそこへ、思いがけない事態が起きる。かの探検家へイエルダールがモルディブで古代インダス文明の太陽神殿を発見した、というニュースが飛びこんできたのだ。おかしい、と岡村は直感した。

無数の遺跡を見てきた経験が、それは太陽神殿であるはずがない、仏教遺跡だ、と告げていた。岡村は、現場へ確かめに行こうと決心する。一四年ぶりのモルディブ再訪である。会社には二週間の休みを申請した。が、二週間で帰れはしない、クビは覚悟だった。

一九八三年、問題の遺跡をめざして衝き動かされるようにモルディブ諸島を航った岡村は、最終的にそれがやはり仏教遺跡であることを突きとめる。岡村の発見は新聞で大きく報道された。無断欠勤は四〇日に及んだが、会社としてももはや大目に見るしかなかった。

モルディブ再訪で得たのは仏教遺跡の証拠だけではない。今や五人の子の母となった娘さんと再会し、過去のこだわりは溶けた。さらに、旅は懐かしい感覚を蘇らせた。「家々からは水を汲む音、子供の泣き声、ラジオのコーランなど、生活の音が聞こえ始め、井戸端で顔を洗っている自分も、その中のひとりであることが実感できた。島長《カチーフ》に呼ばれて食べたロシ二枚と紅茶の朝食、散歩に出て村人たちと交わしたモルディブ語の挨拶と会話……。生活のリズムと感覚にモルディブ人の血が宿り始めたようで、私はうれしかったのかもしれない」(同)。

船上での起居もまた、「カツオの刺身といい、イモやゆで玉子といい、海水の塩分を調味料にして手づかみで食っていると、何

発見した摩崖仏の前で

か〝母なる海〟の恩恵を最も原初の形で受けながら旅をしているようで、おのずと浩然の気が養われてくる充実した実感があった」(同)。

いつのまにか岡村は、二十代で旅に求めた「精神の濾過」を再び必要としていたのだろう。

「ああ、俺は旅に戻ろう」

岡村は会社を辞めた。それからは、仲間と起こした出版社で旅の本の編集をしたり、自著の執筆をしながら、スリランカの密林に通う。一九八五年には、古代に大乗仏教が栄えた貴重な証拠である、釈迦三尊像の遺跡を発見した。着実に成果をあげていく探検の旅は、ロマンだけでなく、真剣さを増していた。現実の探検は、映画や小説のような活劇よりずっと地道な営みでもあった。

「でも楽しいのよ。遺跡を見つければ、あっ！という発見の喜びがあるでしょ。それからジャングルはとにかく緊張もするしね。ヒョウやクマがいて、いつ野獣が飛び出してくるかわからない。それが、ぱっとひらけた原野に出た途端、気持ちがわあっと晴れていってね。そういうときに味わうような感覚は、ちょっと忘れられないわけよ。

たとえば、ジャングルを抜けて、チガヤっていう、膝丈のススキみたいな草が、真っ白な穂を一面になびかせているような平原に出たりする。朝露にしめった穂に手で触れると、気持ちがいい。それを踏み分けながら進んでいくと、頭の中に、たとえばランボーの『サンサシオン』とかさ、いろんな詩が浮かんできたりね。文学的な感性なんかも刺激されるし。それはとても嬉しいことなんだよ。

一日の測量が終わってね、汗まみれで、ドロドロになって、テント場や作業小屋に仮寝の宿を結ぶときにさ、目の前に古代の貯水池跡の水たまりがあったり、昔の用水路跡に水が流れていれば、そこで必ず体を洗う。汗まみれの体を。そうすると気持ちがいいし。夜中にふっと外に出て、ああ、火照って眠れねえや、なんて思ったときに、また素っ裸になって体を水に浸してると、昼間の熱でぬくもってるから温泉みたいな感じでさ。そうやって星を見たり、月を見たりすればね。気持ちいいんですよ、ジャングル歩きは。だから好きでやってるし、楽しいからやってるのは間違いない」

二〇〇七年にはＮＰＯ法人南アジア遺跡探検調査会を設立した。一方、雑誌『望星』の編集長を頼まれ、再び勤め人として働いてもきた。

「問題はほら、こういうことやりながらでもメシを食ってかなきゃいけない。探検じゃ、メシは食えない」

岡村隆氏（2017年）

仕事に追われ、スリランカでは内戦もあり、長年行けなかった時期もある。

「だけどその間、俺にとっては『昔の旅』じゃない、まだ続いている旅先なわけ。だからずっと関連の図書を読み、人に会い、ＮＰＯも作って。何もジャングルに入っているときだけが探検じゃないと思っているので」

二〇一九年には、半世紀に渡る遺跡探査の功績が評価され、植村直己冒険賞を受賞した。冒険の「険」と探検の「検」は違う、と言われるように両者は異なるものだが、冒険の定義を捉え直す画期的な受賞となった。

少年の頃からの夢を叶えた岡村は今、現役の南アジア遺跡探検家として、地元の人と協力しながら、人類共有の遺産となる文化財保護に取り組んでいる。

## ❖地球をバイクで駆ける旅（賀曽利隆）

賀曽利隆がアフリカに行こうと決意したのは高校三年、十七歳のときだ。

「もうとにかく！　ニッポンを飛び出したい！　それだけでした。生意気盛りですからね、力のある俺に日本は狭すぎる、と。日本がいやでいやでどうしようもなかったんですよ。大学受験の重圧でひいひいはあはあ言ってるときだったもんですから」

受験戦争の息抜きに、賀曽利が友人たちと千葉の海を見に行ったときのことだ。広い海に束の間の解放を感じていると、同級生の前野幹夫が「アフリカはもっと広いぞ」と口にした。一九六五年、日本人の海外渡航が自由化された直後である。バイク好きの賀曽利の胸に、「広い世界を自由自在にバイクで駆けめぐりたい！」と、アフリカへの燃えるような憧れが募った。

「まあ大学入試の結果、落ちましてね。俺は絶対に浪人しないぞと、親とさんざんやりあって。それから三年間、一日二〇時間の肉体労働で資金を貯めて。夢は無性に世界へ飛んで行きましたよねえ。あの頃はほんとに怖いもの知らずでした。旅先で命を落としても仕方ないと思ってました」

一九六八年四月、ついに決行の時が来た。二十歳の賀曽利隆は念願のアフリカを目指し、横浜港からオランダ船ルイス号に乗り込んだ。相棒は、ともに計画を練ってきた前野幹夫と、スズキのＴＣ２５０だ。

「甲板に立ったときは、俺はやったーーー！　って叫びましたね。アフリカなんてとてつもなく遠かったわけですよ。バイクで縦断した人間もいなかったし。それを三年間必死で実現にこぎつけた。人間やればできるんだ、あの自信は大きかったですねえ。その後半世紀近く、自分を支えてきたと思います」

初めての旅は二年近くに及んだ。一年かけてアフリカ大陸東側を縦断した後、アフリカに魅せられた賀曽利は前野と別れて、再び一人で西側を走ったのだ。

二十二歳で帰国した賀曽利は「こんなに面白いことはない、これからは俺の全人生をかけて、世界を駆けまわり続けるんだーーー！」と固く誓う。その言に偽りなく、二十代で四〇五日間世界一周、四五六日間六大陸周遊を次々に成した。その後も絶えることなく、何度もアフリカを往復し、サハラ砂漠を縦断し、キリマンジャロに登頂し、インドシナ半島、タクラマカン砂漠、アジア、ヨーロッパ、オセアニア、南北アメリカと、地球上の大地という大地をバイクでめぐってきた。走った道を世界地図に記すと毛細血管のようだ。

生まれたときから放浪癖の強い子だったという。

「もう、着てるものも全部脱ぎ捨てて、バッと道に飛び出して、走りまくるとか。いやあ母親は大変だったでしょうね、それで僕を捕まえると、柱に縛りつけて、〝動けないようにしてやる！〟ってね。こりゃあ仲間内では有名な話で（笑）」

行動力だけでなく、脳内の活動も凄まじい。驚異の記憶力で世界中の町や川や岬をいつ何度訪れたかを覚えており、いま目の前に地図があるかのようにおびただしい数の地名がよどみなく口をついて溢れる。喋っている本人ですら舌の運動が間に合わないほどの頭の回転速度だ。

しかも底抜けに明るく、誰からも好かれる。「世界に稀に見るキャラクター」と評する人もいる。旅は、野宿をしながらの貧乏旅行だった。行く先々で、地元の人に食事を振る舞われると、なんでも喜んで残さず食べた。みなぎる生命力に加え、持ち前の愛嬌と楽観が旅を進めさせてきたのだろう。

賀曽利はまた、「約二年のアフリカ一周ができたのは、日本が驚くべき高度経済成長の絶頂期を突っ走っていたという時代背景があった気がするんですよね」とも言う。横浜から出たルイス号は、日本からの最後の移民船だった。返還前の沖縄の人が二〇人ほど乗ったほかに、日本国籍の移民はもう一人もいなかった。

右肩上がりの日本から意気揚々と旅を続けていた賀曽利隆はしかし、南アフリカ共和国で思わぬ衝撃に直面する。アパルトヘイトである。

一九七三年、六大陸周遊中の賀曽利は南アに入り、電車の駅で三等の切符を頼んだ。が、渡されたのは一等の切符だった。「日本人が三等に乗ることはないから」と黒人の駅員は言う。当時の南アで日本人は「名誉白人」扱いだったのだ。三等に替えて差額を返してもらった賀曽利が駅に入ると、目にしたのは白人用と非白人用のトイレ、白人用と非白人用の横断歩道橋、白人用と非白人用の車両……。「こんなことが許されていいのかと、ぼくは怒りに震えてしまった」と、賀曽利はのちに書いている。「通りすがりの人に〝教会はどこですか〟と聞くと、〝白人の教会か、黒人の教会か〟といわれ、愕然とした。駅も、トイレも、電車も、バスも、エレベーターも、レストランも、学校も、郵便局も、役所も……そしておまえもかという感じで、神のもとでの人間の平等を説く教会までもが白人用と黒人用に分かれていた」（賀曽利隆氏提供資料）。胸がしめつけられる思いをしながら賀曽利は黒人用の教会へ行き、親切な神父に一晩泊めてもらったという。

スーパーマーケットで立ち話をしたインド人店主には「日本人はいいなあ、私らはいくら金を出しても一流レストランでは食事をできないし、一流ホテルにも泊まれない」と言われ、その言葉は「トゲのようにいつまでも心にひっかかってならなかった」(同)。

レストランでは白人の客に「ここは白人用だ、出て行け」と怒鳴られた。押し問答になった末、賀曽利が抵抗を感じながらも自分が日本人であることを明かすと、相手は途端に態度を変えた。「悪かった。色が黒いので日本人とは思わなかった。私が乗っている車はトヨタだ。日本は勤めている鉱山の一番のお得意さんだ」と謝り、食事をすすめてきたという。

文字通り、肌で体験した外国だった。

しかし賀曽利隆はこうして六大陸周遊を終えた後、「命を張って世界を駆けめぐってきたことが無意味に思え、何とも虚しい気分に襲われた」という。やり尽くした、という気分もあったのかもしれない。そのとき、日本に目が開いた。賀曽利は、観文研を拠点に日本を歩こう、と決意を新たにする。

賀曽利隆が観文研を知ったのは、最初のアフリカ一周から帰った頃だ。アフリカの旅を書いて出版社に持ち込むと、編集者を通じて観文研の向後元彦と宮本千晴を紹介され、通い始めたのだ。

日本に舵を切った賀曽利は、観文研でまず、武蔵野美大出身の工藤員功《かずよし》と中国山地に木地師の集落を訪ねている。そこで工藤の姿勢から「ほとんど口をはさむことなく、ただひたすらに聞いている」(『ゴーグル』二〇〇七年三月号)という宮本常一伝来の聴き方を学んだ。歩いてみると、あれほど嫌っていたはずの日本の内部は、「まるで異国の世界だった。それだけに新鮮な目で見られ、自分の心の中に深くしみ込んでいった」(同)。やはり武蔵野美大卒の神崎宣武には、神崎の郷里である吉備高原の村を案内してもらい、峠への興味が湧いた。

それからはバイクで日本中の峠越えを楽しんでいたが、次第に峠から山村の暮らし、焼き畑、食文化へと関心が広がった。美しく実る雑穀畑に魅せられて、山梨県の西原《さいはら》という村に通い詰め、雑穀文化について詳細な報告をまとめた。

好奇心を取り戻した賀曽利は、再び海外にも飛び出し、国内外どちらも走りまわるようになる。日本全国温泉めぐりではギネス世界記録も打ち立てた。

そんな賀曽利には、旅で大切にしていることがあるという。

「出雲の一畑薬師にお参りしたとき、〝合掌低頭〟の文字が掲げられていたんです。僕は、これは宮本常一先生の教えであり、旅の原点だと思ったんですよ。合掌とは何でも手を合わせて、ありがたい、と。低頭は、こうべを低く垂れる。自分が頭《ず》を高くしちゃったら相手の人はなんにも話しません。旅を面白くするためには、合掌低頭、これに限るなと思いましたね」

しかしこうべを垂れて我を低くすることは、誰かにおもねるこ

何度目かのアフリカ大陸縦断(2013年)

とではない。

「僕は言い続けてきたんですけど、とにかく首輪を付けられないような生き方が大事です。旅人が何かの枠に囲われちゃったら、本当に自分の思っているような旅はできなくなっちゃうんですよ。色がついちゃって」

旅の師匠は、宮本常一と並び、松尾芭蕉だという。

「『奥の細道』での行動は、今の時代で言うとバイクツーリングと似通った部分があるんですよ。芭蕉は一日四〇キロ近く歩きますからね、普通の旅人が歩ける最長くらいの距離を毎日歩き通していて、その中であれだけの記録を残している。よっぽど強い精神力と体力がなくちゃできないことだし、それを支えるのはやっぱり『見てやるぞ！』という気持ちでしょう。

なぜ旅をするのかと言えば、『奥の細道』が本当にいいテキストですよね！　芭蕉はきっと、平泉の向こうの、もっと遠く、蝦夷地を見たかったはずです。僕にとっても、すべてはもう、あの向こうへ！　なんです。目の前にある世界の向こうへ、行きたいんです！　今でもその気持ちは萎えてないんですよ」

芭蕉が『奥の細道』に旅立ったのと同じ四十六歳の時には、オーストラリアに発ち、バイクで連続二周を遂げた。芭蕉への挑戦の気持ちがあった。目標にしていた宮本常一の旅の日数、四五〇〇日をとうに超えたのも自慢だ。

賀曽利隆氏
アフリカ最南端・喜望峰にて（2013年）

止むことなく疾走し続けるエネルギーは賀曽利隆という人間そのものである。その向こうへ行ってどうするのか、傍目には訳が分からなくても、なぜか楽しい気分にさせられてしまう。まさに向かうところ敵なしである。

賀曽利隆は今日もとびきりの笑顔で元気にどこかを走っているはずだ。

## ❖ふるさとの生活を写す旅（須藤功）

雪深い秋田県南の横手市に生まれ育った須藤功にとって、幼い日々は楽しい思い出ばかりだという。野山を駆けまわって遊び、春先には青い木の実を口まで青くしてほおばった。満月の夜の雪のかまくらや、小正月の「ぼんでん」、夏の送り盆は、深い印象に彩られている。実家は大きな旧家だった。屋敷には柿や栗などいろいろな果樹があった。部屋には本もたくさんあった。

ところが、中学三年の秋に一家は横手を離れ、埼玉県川口市に移る。

「まあ親父のいろんな失敗から、要するに没落ですよね。それで学校行けないから、中学卒業すると蕨《わらび》町の工場で働きながら、夜学の定時制高校を出た。で、高校が終わる頃に親父が病気で死んで、その四〇日後に、心臓が弱かったおふくろも親父に呼ばれたみたいに死んじゃったんですよ」

高校卒業後は航空自衛隊に入り、浜松の航空団で写真の業務に就いた。中学の頃から模型飛行機ばかり作るほど飛行機が好きだったし、学校の先生や写真館の親戚からカメラを借りて撮るなど、写真にも馴染みがあったからだ。隊では戦闘機に搭載されたカメラの整備や、記念写真などの撮影をした。やがて慰問で訪れた養護施設で出会った職員の女性と、愛知県の豊橋で家庭を持った。

「豊橋では暮れになると新聞に花祭の大きな写真が出るんですよ。その花祭に行ったのがきっかけでね。面白い、できればこういう写真を撮って独立したいなあ、と。そこで名古屋のまつり同好会の主宰者を通じて、昭和四十一年に、豊橋に来られた宮本常一先生を紹介してもらいました。宮本先生の本は論文じゃなくて、分かりやすく一般向けに書いてるでしょ。読んでると心の温かさがあるんですよね。この先生のもとで勉強したいなあと思ってね。それで翌年、一〇年近く勤めた航空自衛隊を辞めて、東京の観文研に押しかけたわけだ」

二十九歳だった。観文研では、農山漁村の人々の日々の生活を主体に、祭りや狩猟文化の撮影の旅を始めた。

「おふくろがけっこう話し上手な人でね。生まれは東京なんですけど、小学校一年生の頃を徳島県の祖谷《いや》山で過ごして、その頃の話をよくしてくれましたね。部屋の中から山をウサギが走ってくのが見えたよ、とかね。そういう話が動物や狩猟に関心を持つ発端になってるかなあ。祭りについては、横手の祭りが懐かしいしね。小さい頃の体験が大きくなってから生きてるかなあ」

須藤功氏（2018年）

とはいえ、須藤功の眼差しは祭りや動物にとどまらず、暮らしの全般に及ぶ。

訪ねたのは、天竜川中流域にあたる愛知県の奥三河から遠州、信州を中心に、観文研が博物館設立に関わった伊勢志摩ほか、宮本常一の指導や読んだ本で惹かれた地方だ。

旅に出る前には、宮本常一がその土地で会うべき郷土研究者を教えてくれて、その人物がまた次の人につないでくれた。もっとも、ほとんどは一人で、気の向くままに歩く。大きなリュックサックにカメラ三台とフィルムをぎゅうぎゅう詰めて担ぎ、夜行列車に乗り、行った先で安宿に飛び込む。駅でうどんをすすり、パンやおにぎりを買って食べながら、一度で平均十日ほど歩いた。

「リュック担いで歩いたけど、なんか大変だったという記憶があまりないんですよ。私はグルメにも興味ない。旅行の本を見ても食い物ばっかり、なんだこれと思って（笑）。酒は飲みたいですけど、多少酔っぱらえればそれでいい。それで幸せっていうよりは、楽しいって感じはあったよね、絶対。いい人に会ったとか、思いがけない風景に出会ったとか」

一九七一年には、新潟県の山古志村に一年間かよった。

「山古志には一ヶ月に一〇日位ずつ行ったかな。あそこは錦鯉の産地だし、田んぼ、山仕事、行事もいっぱいあるからね。奥の方に行くと、子どもたちが生き生きしてて、集落全体の雰囲気もとっても良くてね。役場の出張所に寝泊まりして、近くの家に御飯を頼むと快く食べさせてくれた。そういうふうに親しくなって、村の人も、また来てる、って（笑）。

当時の山古志はほとんど茅葺きの家でね、山の中だけれども、田んぼがあったし、出稼ぎで収入もあって、貧乏ではなかったと思う。地域で子どもを育てるっていう感覚が生きてるしね。中越地震で崩壊したときでも、すぐに復活する力があるんですよね。すごいことです。家も建て直して。ただ、僕に言わせるとね、昔の茅葺き屋根が良かった……（笑）。どっちが幸せなのかは難しいところだね。村の人にとっては現在のほうが絶対いいわけですよね」

須藤功がそうした旅先で撮る写真の子どもたちは、顔が輝いている。

「今はみんなスマホ持ってますけど、私が行った頃はまだ、いい写真できたよ、といって持っていくと喜んでくれました。

昔は日本でもね、カメラに向かって立ってくれって言ったら、子どもたちはそれなりに爽やかな顔してくれましたよね。だから、腕がいいんじゃなくて（笑）。被写体が良かった。宮本先生の写真でも、とっても生き生きとしてすぐれているのは、子どもでも大人でも、そういう時期に撮ってるわけですよね。あの時代はやっぱり、写真を撮られるのは嬉しいことで、送ってくれよ、って必ず言うんですよ。お葬式用の写真を頼まれて送ったことも何度かありました」

また、民映研の映画制作の一行と北海道へアイヌの結婚式や家づくりに行き、写真を撮影したときは、アイヌから「風のような写真家」と評された。

「撮っているんだけどじゃまにならない、と。あれは嬉しかったね」

そうして日本各地を歩いてきて、撮りためた写真は白黒で約二十三万枚、カラーで約三万枚に上る。日々の暮らしの情景を語り伝えてくれる記録写真である。

「民俗学とかそういう難しいこと考えるのはずっと後の話です。今でも民俗学写真家という肩書だけれども、じゃあ民俗学をやっているかというと心もとない。私自身はね、〝生活史〟を綴っていると思

一日中、遊びこけていたころの子ども
群馬県片品村、昭和42年（1967）

ってる。民俗学を基礎にした、庶民の何気ない生活を写してるんですよ。ごく普通の、なあんでもない生活。そうやって撮っておいた昭和四十年代の米作りの様子も、子どものメンコ遊びも、今はもう見られなくなってる。だから、なくなるから撮っておこうと意識したわけじゃないけど、〝今〟を撮っておくと将来それがなくなったとき、昔の絵巻物みたいに、当時の生活を知るのにいつか役立つかもしれないね。ちょっとオーバーに言うとそれが私の責任かなあと思って、基本姿勢として大事にしてる。今は役に立たなくてもいいの」

また、土地の人と酒を酌み交わすうちにいつしか、宮本常一が言う伝書鳩の役割も頭によぎるようになった。

「どこに行っても、この村では何が問題なんだろうかと、まず気をつけて、村の人はどう対処しているのかをできたら聞きたいなあと思うのね。それは、同じように困っているよそでも役に立つかもしれないという意識がうっすらとあるわけね。いや、最初からじゃない。やっぱり何年か歩いた後に、人に会って悩みを打ち明けてもらったら、それを聞いて分かち合うだけでもやわらぐということも分かってきた。たとえば山古志だったら、雪が多いけども、雪かきするにも年寄りが一人しかいない家もあるとか。フラッと来た旅人に過ぎない私に、全部対処できる力があるわけじゃないけど、そんなとき、他の土地の解決策を知っていれば伝えられるし、悩んでいる話を聞くだけでも大事なことじゃないかなあ」

八十歳を過ぎた今も旅は続けている。近年好んで通っているのは、焼畑を行う宮崎県椎葉村の尾向《おむかい》地区だ。朝三時に起きて神奈川の住まいを出て、羽田から宮崎空港に飛び、日豊本線の日向《ひゅうが》駅からバスを乗り継いで数時間、日暮れごろになってやっと尾向に着く。

「とっても素敵なところ。秘境といわれる椎葉村のさらに奥でね、そこの子どもたちがとってもいいんですよ。それですっかり好きになっちゃってね」

目を細める須藤の声には、「とっても」に愛情と優しさがこもっている。

「山古志でも椎葉でも、地域で子どもを育てる。よそのおじさんに叱られるとか。けしてゲンコツされるんじゃない、たしなめられる程度の叱られ方だね。だから子どもも安心してね。山奥なんですけどなぜか若い夫婦がいて、小学校は三〇人位いる。奥さんたちは、ここは田舎だよ～って言うけど、センスが良いところでね、僕は銀座に来てると思ってる（笑）。辺鄙なんだけど、とっても好きなの。平成二十三年から小学校の焼畑体験学習と、運動会、学習発表会、卒業式、十二月は週末ごとに神楽があるし、年に五、六回は行って、もう八年になります。土地の人のような顔をして一緒に焼酎を飲んでね。だから行くと、おかえりなさいって言われるの」

ユーモアをにじませながら軽快に語る須藤功は、終始にここと人の好い笑顔だ。須藤功にとって、旅は懐かしいふるさとを心に蘇らせ、また、新たなふるさとを増やしていくものなのかもしれない。

これから旅をする人々へ伝えたいことを聞いた。

「観光地に行くことももちろん大事ですけどね、もし希望を問われたら、人と会って話を聞いてもらいたいなあと思うね。おじいさん、おばあさんに会って、子どもたちも昔の生活を聞いてほしいなあ。昔は物質的には貧しかった。でも精神的には豊かだった。私は断言してもいいと思っている」

## ❖山に熊追うマタギの旅（田口洋美）

二十代から東北のマタギ集落に通ってきた田口洋美は、山を見るといてもたってもいられなくなるという。

「昔はさ、雪山が見えてくると吠えてたね。おりゃあ！　来たぞー！　ってね」

もともとは、高校までグランドホッケーで国体に出るほどの選手だったが、卒業後はものを書く人間になりたいと思っていた。父親は国鉄勤め、母親は教員で、勉強しろとは言われなかったが本だけは山のようにある家庭だった。ホッケーのかたわらで、父親の書庫にあった宮本常一の『日本残酷物語』ほか、本田勝一、今西錦司、中上健次、埴谷雄高など、人間と社会を突く作品に読み耽った。

地元の茨城県東海村には原子力発電所があり、近くの水戸には米軍の射爆場があった。世の中が成田の三里塚闘争や水俣病の問題に揺れ、ベトナム戦争が泥沼化していく時代でもあった。

「結局……リアリティが欲しかったんですよね。なんでこんなふうに人が争いに血道をあげていくのか、子ども心に不思議でしょうがなくて。その中で、コツコツと生きていく普通の庶民の暮らしが興味の対象になって、ものを書きたくなっていった」

大学は受験したが、二浪目に入ろうかというとき、映画学校に進路を変えた。

「大学でものを書くことは教えてもらえない、創作活動に学歴は関係ない、と思ってたから」

親の説得に困った田口は、「第一志望ではないが合格した大学に行く」と伝えながら、父親から送られた入学金をそのまま日本映画学校に振り込んでしまう。驚いた父親との一悶着を経て、入学を果たした。その映画学校で、あるとき、民映研の姫田忠義所長による講演と映画上映会が行われた。アイヌの伝統文化を記録した作品だった。

「姫田さんの仕事にリアリティを感じた。ものを書こうが、映画を撮ろうが、あの頃の僕にはずっと、現実の日常と向き合いたい、というテーマがあったんです」

単に珍しいから撮る、きれいな絵を撮る、というのではなく、お互いの了解があって初めてカメラをまわせる人間になりたい、という願いもあった。

求めていた方向を民映研に見出した田口は、姫田を訪ね、アルバイトとして手伝い始める。映画業界の人からは「今さら民俗学やってどうするんだ」とも言われた。しかし民映研の仕事で民俗学者の宮田登や小野重朗と一緒に種子島、奄美、トカラ列島などを歩いてみると、これだ、という手応えを感じた。

二十四歳のとき、あるきっかけが訪れた。姫田忠義に抜擢され、新潟県の三面《みおもて》集落にほぼ一人で住み込むことになったのだ。ダムに沈むかもしれないという三面の暮らしを記録する撮影の調査のためだ。

海岸育ちの田口にとって、雪国の暮らしは別世界だった。

「最初は、村に入っても何をしていいか分からなかった。始めの一ヶ月くらいはいやだったねえ。門前払いされたしねえ。ただ、半年くらいは写真を撮らないでスケッチばかり描いてたんです。前山景観図とか、民家の絵を描いていると、村の人が興味をもってくれて、おまえ何描いてるんだ、って。それをきっかけに、うちに来いって言ってもらえて、門前払いした人が最後には、風呂入ってけ、って言ってくれるようになって」

村の人々に助けられながら一年近くを過ごした田口は、山里の生活、中でも熊狩りに強い興味を覚えた。地域によってはマタギとも呼ばれる、狩人たちの仕事である。これを機に、「古くから狩りをし、また現在もおこなっている村々を訪ね、狩りを通して村を見てみたい、考えてみたいと、そう思うようになった」（『あるくみるきく』二四一号）という。

田口洋美のマタギを追う旅が始まった。狩猟文化研究をテーマとして、民映研と親交のあった観文研に出入りするのもこの頃だ。

二十七歳からは、上信越にあるマタギ集落、秋山郷《あきやまごう》に通い出した。ここでは秋田の旅マタギの血を引く人々に出会った。マタギたちは獣のように自在に雪上を歩く。山に祈りを捧げ、射止めると全員で分配する。獲物をさばく腕は見事で、一片も無駄にされなかった。山の掟や猟の仕組みを教わり、田口はマタギにますます惹き込まれていった。

さらに旅マタギへの関心は、田口を秋田マタギの本場、阿仁《あに》に向かわせた。阿仁では「頭撃ちの松」の異名を持つシカリ（統率者）の鈴木松治さんらに同行し、熊と生きる知恵や狩りの間合いを学んだ。

こうしてマタギ集落を訪ねては、マタギたちと一緒に、ライフルを背負い、無線機、双眼鏡、弾丸、弁当を持って、何キロも先にいる熊を見つけて追った。若く活力あふれる田口でさえ、山中を一日四〇キロも歩くマタギについていくのは必死だった。三面では一度、雪に足を滑らせ、滝壺に墜落している。山の恐しさを骨身で知った。情けなさと絶望に陥った。同時に、山で生きる人々への尊敬がいや増し、傷ついたよそ者をたしなめ励ます彼らのあたたかさに救われた。狩りは、極限の緊張と充実に満ちていた。マタギたちと火を囲み、熊の脂を味わい、深い森の上に星をあおぐと、山の神の気配を感じた。集落に通う田口は、凍てつく山に沁み入るような息遣いのままに、マタギたちの言葉を書き留めていった。文章に浮かび上がるマタギの姿は、まさに宮沢賢治『なめとこ山の熊』の小十郎を彷彿とさせる。一時は映画の道にも入った田口だが、いつの間にかやはり、ものを書く人間になっていたのだった。

その頃、田口のマタギ愛と研究熱を知る周囲からは、大学への進学を勧められていた。田口自身も山での体験を経て、狩猟文化に関連して勉強したい内容が明確になっていた。ある日、東京の御茶ノ水を歩いていると、ふと明治大学の社会人入試のポスターが目にとまった。受験して三十八歳で入学した。めくるめく学生生活はあっという間だったという。執筆などの仕事をこなしながらめいっぱい授業に出て、卒業要件一二八単位のところを一六〇単位ほど取った。卒論は提出一週間前にPCトラブルですべて消えたが、三日で書き直した。とてつもない集中力と怒涛の勢いは止まることなく、大学院に突入する。当時できたばかりの東京大学新領域創生科学研究科に進学した。

阿仁マタギの記事を書いた
『あるくみるきく』261号

「明大から東大卒業までの九年間、もう、ワンダーランドだったねえ。今思えば、スキップして歩いてたね。楽しすぎて、覚えてないの。卒業したときはもう四十七歳だったのに、履歴書には三十八歳って書いてたの（笑）。自分の年齢すら忘れてたんだよ」

山にしろ、学問にしろ、マタギを追う田口洋美の足と知の旅は忘我に至るほど猛烈である。いったい何がその血を駆り立てるのだろうか。

「単純に、驚きたいんだよ。感動したいんだよ。人間てこんなに複雑なのか、こんなに簡単なのか、こんなにあきれるほど昔を踏襲し、こんなにあっさり昔を捨てるのか、と。それまで知らなかった自分に気づく喜びもある。それがもう、麻薬」

山の旅で心動かされる瞬間は数知れない。

「秋山郷でね、バッコヤナギっていう黄色い花のはじける木があるんだけど、一人で煙草を吸いながら見ていたら、黒いものがこう、動いてる。その木に熊がのぼってきて、花のにおいを嗅いで、木から転げおっこちて、また登ってくるわけ。花を嗅ぐ熊を、一時間くらい見てました。……幸せそうなのよ。ああ、こいつ、今幸せなんだろうなあ。ストレスも何もないで。俺もああいうことやってみたいなあって、熊が羨ましく思った」

マタギはそんなふうに、熊を見るだけで終わることもあるという。

「普通のハンターは何がなんでも獲ってやろうとするけど、マタギは違うの。〝おい、いい熊だぜ

田口洋美氏（2018年）

……〟〝いい熊ですねぇ……〟〝一回でいいからああいう熊獲ってみてぇなあ……。なあ熊、勝手に生きてんのか？〟って、見逃すのよ。こういう熊は山の神様だ、こんなにでかくなるまで生き延びたと、敬意を表する。そういうのを見ていると、これがほんとの自然保護だな、と思う」

村の人々が山をどのように使ってきたか、その思いを具体化して他者に示すのは、まわりの人間の仕事ではないかと田口は言う。一九九〇年からは各地の狩人同士が情報を共有するマタギサミットを企画し、毎年開催してきた。

「狩猟文化って面白いんだよ。どんどん変化していくから。今はスマホ持って、ハイテクマタギですよ。狩猟は廃れないけども、方法や動機は時代とともに変化せざるを得ない。ナマモノなんですよ、文化は。リアルタイムに適応して生きているのが健康な文化であって。今のマタギを見てください。女性、いっぱいいますよ。女性を入れるな、なんて誰も言いませんよ」

マタギを追う旅を続けて三〇年以上になる。関心や見解が次々と発展し、飽きないという。今も、山に入る。

田口洋美はかつて父親に、「太平洋戦争の前後をリュック背負って日本中歩いたのは、種田山頭火と、山下清と、宮本常一だ。僕にとっての憧れはこの三人なんだ。天才だよ彼らは！」と話したという。共通するのは「無我夢中」という点だ。田口もまた、着実にその跡をたどっているのだろう。

## ❖踊るカラーシャと四季の旅（丸山純）

中央アジアに現存するアレキサンダー大王の末裔の謎、という記事を雑誌『現代の探検』で読んだのは、丸山純が高校一年の時だ。パキスタンのヒマラヤ近くに、金髪碧眼でギリシャ系の顔立ちをしたカラーシャという少数民族が暮らす、との内容は衝撃だった。イスラム教が主流であるパキスタンにおいて、独自の多神教を信仰するカラーシャの谷は、「異教徒の地（カフィリスタン）」と呼ばれているという。ヒマラヤの麓に金髪碧眼で多神教の人々が？ 本当にアレキサンダー大王の末裔だとしたら、なんという歴史のロマンだろう……。

丸山が想像に描いていたその谷を実際に訪れたのは一九七八年、早稲田大学五年の夏である。大学は歴史専攻で、卒業論文にはメソポタミア文明を取り上げていた。このとき「文献だけで調べるなんておかしい、現場の地域を自分で見て肌で感じなくては書けない」という理屈で、「ユーラシア大陸を見てまわろう」と思い立ったのだ。イランやイラクを目指しつつ、この際に憧れのヒマラヤを拝んで、あのアレキサンダー大王の末裔にも会いに行ってみよう、と計画は膨らんだ。そこで一年間休学してアルバイトをし、資金を貯めた。

世界に出たい、というのは、実は小さい頃からの夢だった。元をたどれば小学二年から入ったボーイスカウトで、キャンプや山登り、鍾乳洞探検が大好きになったという。中学生になると洞窟にのめり込み、大人に混じって本格的な探査の経験を積む。洞窟にはいまだ人類未踏地が残されており、未知を探る興奮があった。学校の科学部では洞窟レポートも作り上げ、ガリ版で発行した。

高校では地形図で目をつけた岐阜県の郡上八幡《ぐじょうはちまん》を訪ね、洞窟探検の上、入部した地学部の仲間と電気探査も実施した。そこでは地元の人から話を聴いたのがきっかけで、民謡や祭りにも関心が広がっている。休みのたびに夜行列車に飛び乗り、知り合った人の家に居候させてもらって、在学中に三〇回以上通った。東京出身の丸山にとって、郡上八幡は「僕の田舎」のようになった。

一方で、本多勝一の探検記や梅棹忠夫など文化人類学の本に読みふけり、まだ見ぬ世界への思いも募っていた。特に愛読誌『現代の探検』では、ナイル川下りの素晴らしい写真を撮った早稲田大学の伊藤幸司や、ヒマラヤ単独行を成し遂げた東京農業大学の向後元彦など、大学探検部員たちの活躍に憧れた。のちに、その向後元彦と紀代美夫妻こそは、カラーシャの谷を訪れた数少ない日本人である、という奇遇も知る。

ついにユーラシアへ旅発つ前、丸山は、向後夫妻や伊藤幸司が所属していることを雑誌で知り、観文研の戸を叩いた。カラーシャの情報と旅の準備について尋ねるためだ。

「憧れの向後元彦さんに会うと、〝僕はいつも後輩たちに、少なくとも四季を体験してくるのが大事だと伝えてるんだよ〟と言われました。伊藤幸司さんには、〝こういう土地の面白さは、言葉ができないと本当には分からない。丸山君は耳がいいから、一ヶ月もあれば日常会話は充分だよ〟とけしかけられたんです」

二人の助言が人生の転機となった。丸山は旅の予定を変更して、厳寒の冬までカラーシャの谷で過ごす。しかも語学など苦手だったにもかかわらず、カラーシャ語を体当たりで習得し、何十年も谷へ通い続けるようになるのだ。

初めての海外で、パキスタン北部の町チトラルから乗り合いジープで走り、カラーシャが暮らすムンムレット谷が見えてきたときの印象は鮮烈だった。

「チトラルというのは、茶色で乾燥した砂漠的な土地です。ところがムンムレットの谷に入ると、緑あふれる樹の国なんです。潤いがあって、澄んだ川が流れ、牛がのんびり草を食んでいる。ああ豊かな谷だな、と思いました。イスラム教の町チトラルでは女性の姿なんて外で絶対見られないから、民族衣装のカラーシャの女性たちが顔を出して歩いているのも新鮮でした」

とうとうここまで来た、という感慨が丸山の胸を熱くした。しかしその直後、抱いていた憧憬とは異なる現実も目にする。

「本で読んでいたときは全然知らなかったけど、実はヒッピー風の旅行者たちが大勢いたんです。ほとんどはハシシを吸いに来ている。団体の観光客もいて、大金を払ってカラーシャの人たちに踊りをやらせていた。外国人を見ると、地元の子どもたちがお金、お金と押し寄せてくる」

秘境だとばかり思っていたが、行ってみると一大観光地だったのだ。ハシシに酔ったイギリス人に「カラーシャはもう伝統なんて忘れてるよ、おまえは来るのが遅すぎたんだ」と嘲笑われ、丸山は落ち込んだ。できればカラーシャの神話に先祖の謎を探り、古来独特の暮らしぶりにも触れたいと望んでいたのだ。

しかしあきらめて去ろうとした矢先、丸山は村で葬儀に遭遇した。それは、民族の魂が爆発するような儀式だった。村々からカラーシャが集まって三日間泣き、歌い、踊り明かす。輪になり、太鼓の連打に合わせ、夜を徹して、狂ったように踊り続ける迫力に、丸山は圧倒された。

「変わったのは表面だけで、彼らの深い部分は全然変わってないんじゃないか。お金お金と手を出されてがっかりするのではなく、その深い部分を見なくては」

考えを改めたその葬儀の場で、丸山は、家族で民宿を営むというブンブール・カーンに出会う。一目で信用できる人物だと感じ、彼のあたたかな家庭に腰を落ち着けた。そして、身振り手振りでカラーシャ語の単語を習い始めた。

「カラーシャは無文字社会なので、どういう文字や記号で書き留めたらいいかも分からない。言語学の訓練も受けてないですから。全部自己流で、ローマ字書きにして、これは何、何と聞きながら、三ヶ月で七〇〇語くらい集めました。

カラーシャの女性たちがもう、遠慮しないでバンバン話しかけてくれるんですよ。最初は単語を発するだけで精一杯で、何を言ってるのかまったく分からなかった。それが、一ヶ月経ったときにだんだん、特別集中しなくても、すっと分かる気がしてきたん

カラーシャの葬儀（1978年）

です。そのすぐ後に、文章で喋れるようになってきた。その時に初めてね、僕はカラーシャとつながった、っていう感覚を持つようになったの。というより、つなげさせてくれた。聞くことも喋ることもできない状態から、急に言葉でコミュニケーションが取れるようになった体験は、何よりも大きくて。自分の原点ですね」

特に支えてくれたのは、ブンブールの甥のベークだ。辞書も通訳もないまったくの手探りの中、ベークは丸山の意図をよく察して文法を教えてくれた。同い年だったベークと丸山はいつも一緒に行動し、兄弟同然の親友となった。「英語が話せるかどうかなんて、関係ない。相手の気持ちを察する力があり、しかも間違いをちゃんと間違いと指摘してくれる人を見つけることができれば、辞書や文法書のない言葉だって、こうやって少しずつ理解していくことができるのだ」（『子どもたちよ、冒険しよう』）。丸山はもう、こんなふうに火星語だってできる気がした。

こうして緑の谷で、ブンブールの家族と寝食を共にし、言葉を覚えながら、畑を手伝い、機織りを教わり、ベークとヤギの放牧に出かける毎日を送った。突然居着いた日本の青年がカラーシャの文化を学びたがっていると分かると、カラーシャの人々は喜んで言葉や仕事を教えてくれた。地元の人が着るゆったりした薄手の服を仕立てて着ると、カラーシャの印となる鳥の羽根を帽子に付けてくれた。丸山は

農作業をするカーン家の長女（1978年）

カラーシャ語で「兄さん」と呼ばれ、からかわれたり、ほめられたりしながら、カラーシャの生活を吸収していった。

カラーシャの人々は祭りや儀式のため年間九〇日を歌い踊る。初めて滞在した冬は、二週間に渡って踊る最大の祭り、チョウモス祭を体験した。

四年後に再訪したときは、カラーシャの友人たちに励まされて、ともに長い冬を越えた。厳しい冬の暮らしに心身を消耗しながらも、地元の人々が春の祭りを待ち望む気持ちが「ようやくわかったような気がする」という。

その後も毎年のように訪れ、冬のチョウモス祭や春のジョシ祭、夏の豊穣祭、秋の結婚披露宴と四季を過ごしてきた丸山は、外部には絶対見せてはならないという秘儀にまで呼ばれるようになった。カラーシャの一員と認められたのだ。

丸山純氏（2016年）

カラーシャの人々は観光客に写真を撮られるとお金を要求したが、丸山には、日常で気軽に撮ってもらうようにもなった。それでもお金の問題には悩んだ。「お前は日本に帰ったら、俺たちのことを書いて、写真を発表して、お金を儲けるだろう」と冷ややかに言われたこともある。お金の絡む関係があるかぎり、本当には心を開いてもらえないと感じていた。そのため丸山は、カラーシャの人々を自分の稼ぎ種にはしない、と誓う。

大学を卒業した丸山は、日本で広告編集の仕事を覚えて、独立した。仕事の予定をやりくりしながら、ムンムレット谷に毎年三、四ヶ月ほど通った。そして日本人初、世界でも稀なカラーシャ語の使い手となった。一九八五年にパキスタン北部の民族音楽を研究する妻・令子と結婚してからは、夫婦でカラーシャの家族たちと個人的な付き合いを続けている。

「二十三歳の旅で本当はユーラシア各地をめぐるつもりでしたが、最初に行ったカラーシャの谷に居続けてしまった。言葉が分かるようになったこと、僕を受けいれてくれたことで、他に行く気が起きなくなって。今の気持ちとしては、里帰りっぽいですよねえ。あの谷に家族と親友がいるから、通い続ける。郡上八幡と同じように、僕はそうやって帰るところが欲しかったのかもしれないね」

パキスタンへの渡航が難しくなっても、たとえ長年会えなくても、変わらずに丸山は、かつて「異郷」であった土地の人々を自分の家族として想っている。

## ❖海辺の暮らしをめぐる旅（森本孝）

森本孝は小さい頃から文学少年だった。中学と高校では文芸部に所属し、国木田独歩や島崎藤村、武者小路実篤、石川啄木など、ロマン主義、自然主義といわれる作家の小説や詩歌に親しんだ。北九州で育ったが、生まれは山国の大分県、作品の影響もあって山を愛し、部員と顧問の先生を巻き込んでキャンプや登山を企画したこともある。

仕立て屋を営んでいた父親がすでに高齢だったため、高校には奨学金をもらって通った。授業では、東大法学部出身の担任教師に社会正義や労働者の権利について教わった。その先生に惹かれて、将来は法律家を目指す。本はトルストイや東欧の抵抗文学をよく読んだ。

一九六四年に北九州を出て、京都の立命館大学法学部に入学した。京都を選んだのは、中学の修学旅行で訪れて気に入り、こういう古都で勉強したいと思ったからだ。京都の中で立命館に決めたのは、授業料が圧倒的に安かったのと、戦前に軍に異を唱えた反骨の法学者、末川博学長に共感したからだった。

大学では山岳部に入るつもりだった。しかし数年前に事故があって海外遠征ができないと知る。それならばと、海外にも行ける可能性がある探検部に入部した。三年次に司法試験の模試を受けてみると良い出来だったので、安心して国内の山や洞窟探検に明け暮れた。読書はヒマラヤ登山記や『さまよえる湖』などの探検記にはまる。海外への意気込みは募り、インドネシアのスラウェシ島へ渡航計画を立てて夢中になった。熱帯の鍾乳洞や、独特の葬送儀礼で知られるトラジャ族の習俗に惹かれたのだ。森本は下級生を率いて学生課と交渉を繰り返し、実現のために一科目の単位を残して留年も決めた。結局、森本の在学中には遠征許可が下りなかった。そのころ森本を訪ねて来たのが、旅人のネットワーク作りのため大学探検部の精鋭に声をかけていた、観文研の向後元彦である。森本は当時、山小屋の仕事にも憧れていた。しかし向後に誘われて、大学を卒業すると観文研に通い、機関誌の編集を始めた。法律家、山小屋の主人、観文研の編集者と人生観が劇的に変わったようだが、「ロマン派ということでは矛盾がないんですね」と本人は一貫している。

「弁護士も勉強すればできるだろうと思ってたけど、やっぱり旅の魅力に負けたわけですよ。山の中の洞窟で十日も合宿しているとね、もうその味は忘れられないですよね」

旅をするために大学に入り、観文研に入ったようなものだと言う。

未遂だったスラウェシ島への夢はあたためていて、一九七一年、二十四歳で観文研を一時離れ、一人決行した。ヒルに悩まされながらジャングルを踏み分けて島を縦断したり、トラジャの村に住み込んで一ヶ月近く続く葬送儀礼に参列したりで、半年を過ごした。森ではヤシの葉で簡単な屋根をかけて寝て、村では小さな民宿や民家に泊めてもらった。外国人は他におらず、日本で勉強していたインドネシア語はめきめき上達した。

スラウェシ島の後には、バリ島にも十日ほど遊びに行った。

「もう五〇年近く前の話だけど、当時のバリは観光地じゃなかったのね。もちろんヒッピーやサーファーは来てたよ。だけどとても落ち着いた、ほんとに海辺の漁村という感じ。こんなところに一生暮らすのもいいなあと思った」

森本の旅は「バリ島ならバリ島の人の生活のリズムに自分を近づける。同じものを喰い、同じ衣服も着る。同じように昼寝もする。人々の間に混じって、いかにもゆったりとおしゃべりにも興ずる。いわば、その土地の生活感覚を真似るのである」（『あるくみるきく』一七五号）という流儀だ。バリでの日々は、観文研の機関誌『あるくみるきく』七六号に綴った。その筆致は、素朴な村に滞在する旅人のけだるくも自然と同調した時の流れや、所属と権力で人を品定めする在外日本人エリートたちへの違和感、しかしやがて幻想の穴に引きずりこまれそうになる長旅の危うさなど、たゆたう旅の波間をすくい上げるように描いている。宮本千晴は、「これは森本が書きたかったやつだなあ」と評したという。

こうして探検や放浪の旅に青春を送ってきた森本だが、帰国して観文研に戻ると、国内の民俗にも目を向け始めた。

「インドネシアを見てきて、自分にとって日本の中は初めてだからね。やっぱり初めてのものを見るのは好きなんです。いろんな人たちが、なぜここに住んだんだろうとか、どうやって生きてるんだろうなんていう思いだよね」

宮本常一のことは、学生時代に『日本の離島』を読んで知ってい

バンガイ　スラウェシ島（1971年）

た。観文研で会った宮本常一は森本に、漁村を歩いて海や舟を調べてみないか、と滔々《とうとう》と語りかけた。宮本千晴がそれを後押しした。一九七〇年代、木造の和舟がなくなりつつある頃だった。

「観文研には、民俗学の勉強派と、海外探検派と、二つあって、私はちょうどその真ん中だね。観文研で宮本常一先生流の民俗学が面白くなっちゃった。驚いたわけ、先生の該博な知識に。ああこれはもう、この先生の言うとおりにまずはやってみようと思った」

もともとは山が好きで、海には興味がなかったという。

「魚だって、食べた魚の名前しか知らない状態で、最初は単に、言われたままに歩いてみよう、と。種子島とか喜界島とか歩くうちに、常一さんが〝日本の海を開いたのはまったくの無名の人びとであったのだと気づいた〟と語っていたことはこれか！　とその感動の一端が分かってきて、今度は自分の興味になったんだね」

沖縄の糸満では熟練の海人《ウミンチュ》にその漁と人生を聴いた。糸満の海人は、サバニと呼ぶ小舟を駆って素潜りで深海に魚を追う。その技は命がけだった。かつては遠い海外まで出かけていたという。

種子島では、子ども時分に貧しい農家から漁の労働力として糸満に売られたという人に会った。潜りに慣れない農村の子は浮き上がる頭を強引におさえつけられ、真冬の海に櫂でつつき落とされ、怒った親方に昼も夜も食事を抜かれながら、売られた者同士でなぐさめあったという。それでもつらさを乗りこえてきたゆえの寛大さか、「その人たちの心は、まるでその海の色のように明るく、ほがらかであった」（『あるくみるきく』一三七号）と森本は感服した。

旅行者もいない冬の奥丹後では、舟小屋や海女を訪ね歩いた。水仙咲く福井の越前では、今も毎日魚の行商に出るという八十歳になる女性から、ドラマ「おしん」の苦労など楽だというほど働きづめの半生を教わった。

南西諸島、五島列島、下北半島、三陸海岸、男鹿半島、瀬戸内海……行く先々に、向上心を保ちたくましく暮らす人々がいた。

「漁村文化への関心もそうだけど、ああ、こんな素晴らしい人がいるんだなと、そういう発見というか、出会う楽しみが、旅を続けさせたような気がするね」

舟の分類なども調べているが、森本は漁村の旅を論文の体裁にまとめるつもりはなかった。それよりも生きている人と村の採訪録にしたかった。

「なんで自分は歩いてるんだろう、という理由の一つには、人を記念したいという気持ちがあったね。ああ、ここにこんないい人がいる、村のため、人のためにがんばってきた人たちがいる、その人たちの記念を残したいという思いが今もすごくある」

また、越前で酒盃を交わす間柄となった漁師の林一男さんを周防大島に連れて行き、バフンウニの採り方と加工法を講習してもらったこともある。周防大島ではそれまでムラサキウニしか利用する習慣がなかったからだ。

「おこがましいけども、話を聞いてきた人たち、漁民のしんどさを救うような何かを見つけたいなあと思って歩いているつもりもあったんですよ。たとえば宮本常一先生が農耕技術をある場所からほかの

森本孝氏（1995年頃）

場所に伝えていったようにして、なんとか漁村の生活向上に努めたい、と。ところが、港ができたり、漁船が良くなったり、日本経済が上向いたりして、漁民の方はそう思っている私より全然お金持ちなんだよね（笑）。宮本常一をめざして歩いてる自分の方が貧乏でさ。ふと気づいて、一体何やってるんだろうねえ俺、と思ったこともありましたよ」

そう言いつつ、森本は山や探検に向けていた情熱を、今度は海と人に捧げていた。一九七九年には集めた和舟を国立民族学博物館に収めた。一九八七年には鶴見良行、村井吉敬らによる「エビ研究会」のアラフラ海航海に参加した。文字通り津々浦々を歩くうち、気付けば旅人は研究者と呼ばれていた。

観文研を卒業した四十歳過ぎから森本は、ＪＩＣＡ（国際協力機構）のコンサルタントとして、海外の漁村振興計画調査に携わった。労働者の幸福に尽くそうと志した高校時代の思いは、法律家とまた別のかたちで実現したのだ。モロッコでは地元の漁師さんが「おまえが来たからこの漁港ができた」と抱きついてくれて、感動したという。

「この仕事ができてすごく良かった。一時は水産大学に勤めていたけど辞めて、結局コンサルを選んだのも、旅をして生きる手段だったのね。そろそろ世界の様子も見たいと思ってたからね」

報酬も随分もらえた。しかし森本は、旅のためならお金も業績もいらない、ただもう行くのが楽しい、それだけでいい、とも言う。父親もまた旅を愛したというから、あるいは生粋の旅人の血が流れているのかもしれない。

「だから……旅をしないと生きてる気がしないわけさ」

という森本の一言には、おそらく旅する者になら通じる、真実の実感が込められている。

## ❖「AMKAS探検学校」の挑戦者たち

観文研では一九七〇年代に「探検学校」という海外ツアーを開催しており、新聞で募集を見た多くの人が参加した。ツアーといっても少々変わっている。手配されるのは往復航空券のみ、現地行動は基本的に自由である。航空券とホテルだけをセットにした今日のいわゆる「スケルトンツアー」と違う点は、参加者が自分一人でも主体的に海外を歩けるようになることを促す、教育的な意図を持った「学校」だったことだ。

探検学校には毎回、観文研の常連から海外経験のある者が二、三人「リーダー」として付き添った。しかし旗を振って引率するわけではない。なにせ行き先は、原則リーダーも初めての土地である。「学校」といっても「先生も生徒もいない、教室もない」、「旅する土地が教室であり、そこに住む人々や自然が先生」（向後元彦『あるくみるきく』六二号）という試みなのだ。したがって他人任せの人はお断り、老若男女・経験の有無は問わないが、旅先で生活の中に入って自分の足と目と耳で何かを発見したい人、というのが参加条件だった。

とはいえ海外未経験者にとってはリーダーが身近な手本となり、困ったときには相談相手ともなる。付いていくだけのお膳立てされた団体旅行ではなく、まったくの一人旅でもない。「海外で冒険的な旅をしたい、けれどもう一歩で踏みだせない、そうした人たちに、ちょっとだけ手を貸そう」（同）という考えで探検学校は始まったのである。

また、人数を集めれば航空券が団体割引になるという利点もあった。「ぼくらと同じ貧乏人だって『探検』の道はひらける」（『あるくみるきく』六二号）というアピールでもあったという。

企画したのは、ヒマラヤ単独行など探検界のパイオニアと知られた、向後元彦だ。向後は観文研の中でも「あるくみるきくアメーバ集団」、頭文字を取って通称「ＡＭＫＡＳ（アムカス）」と呼ばれる一団を率いて探検学校を主催した。

ＡＭＫＡＳの発端は、機関誌『あるくみるきく』読者の友の会をつくろう、という近畿日本ツーリストからの要望だった。これに対し宮本千晴は、「新しい旅を開拓していくような若いオピニオンリーダーたちをつなぎ、また養成していくようなサロン」（『観文研二十三年のあゆみ』）ならばやれる、と応えた。宮本千晴から全幅の信頼を受けて構想を形にしたのが、向後元彦だった。

向後による友の会構想は実に民主的だった。中央集権や上意下達の組織ではなく、一人一人が自発的に動き、個々から次々と新しいプロジェクトが生まれてアメーバのように広がっていく、有機的な運動体をめざしたのである。これを「動アメーバうんどう」と名付け、意欲ある旅人を「動人」と表現した。

「「旅」は強烈な原体験を生じ、魂を激しくゆすぶるはずです。（魂になにも響かぬものは「旅」ではない）そのゆすぶりの中には、自己の生き方の反省も、自己をとりまく社会の批判も……様々なことがあるでしょう。〝動き〟はさらに発展します。「旅」の成果は、自己の内面にも組みこまれ、さらに社会をより人間的にする〝動き〟にまでなってゆきます。

甘くセンチメンタルな、逃避的な臭いのする旅人でなく、現代社会を力強く生きる〝動人〟こそ、新

しい人間像ではないでしょうか」（向後元彦『あるくみるきく』四一号）

一九六九年にこう宣言されたＡＭＫＡＳには、向後元彦の呼びかけで、大学探検部の出身者たちや、海外への旅を画策する人々が吸い寄せられてきた。そのためＡＭＫＡＳは観文研の「探検・冒険派」、「海外志向」のグループと位置づけられる。

「（向後元彦が）観文研に新しい分野を開いてくれたんですね。でないと、もっと民俗学のほうに重点を置いていただろうと思うんですが」（宮本千晴）

向後は探検学校によって、海外に出たい人の背中を押した。大量生産商品となった団体旅行の定番コースに従うだけでなく、独自の旅を創造する面白さを知ってほしいと願っていたからだった。のみならず、広い世界を見歩くことで「偏見をもたない人間、自由な人間が増えれば、この社会をすこしでもよくすることができるのではないか。「旅」からそんな人間が生まれる可能性がある」（『あるくみるきく』六二号）という考えがあった。

探検学校は、一九七一年から一九七六年の間に全一〇回開催された。

ボルネオ（一九七一年・一五日間）

ネパール／ヒマラヤ（一九七一年・二六日間）

インドネシア小スンダ列島（一九七一年・一七日間／一九七二年・一五日間）

アフガニスタン／イラン（一九七二年・二六日間）

カメルーン（一九七二年・四二日間／六〇日間）
パプワニューギニア（一九七二年・三七日間）
ケニア／タンザニア（一九七五年・四四日間）
台湾（一九七五年・一四日間）
インド（一九七六年・一四日間／二八日間）

新聞で募集をかけたところ、探検学校は大きな反響を呼んだ。第一回のボルネオ探検学校には、定員の倍となる四〇名の希望者が集まっている。

参加者は六対四ほどで女性の割合が多かった。「とくに女性は土地にとけこむのが早く、旅先の縁で現地に嫁いでいった人も二人いる」（伊藤幸司・宮本千晴『観文研二十三年のあゆみ』）という。

年齢層は、三歳（リーダー向後元彦・紀代美夫妻の娘）から六十代と幅広く、平均は二十八歳位である。職業は会社員、教師、医師、デザイナー、元船員、高校生などだ。会社員は、ほとんどが辞めてきていた。探検学校で泊まるのは安宿だが、それでも「学費」（旅費）は距離と期間に応じて二〇万円から四五万円程に及ぶ。旅立ちは、退職の上、貯金をはたいての一大決心だった。

カメルーン探検学校に参加した女性は次のように語ったという。

「会社に二か月の休暇を申請したらあっさり拒否されたの。家には一か月の休みもくれなかったからってごまかして退職したわ。どうせ二十五歳がうちの女子定年だから。でも四年間勤めたのが二か月の休暇にも値しなかったのはショック。女は消耗品て感じ。開き直ったわ」(伊藤幸司筆『あるくみるきく七六号』)

ボルネオのリーダーを務めた曽我礼子によると、参加者には二ヶ月どころか二週間の休みも許されず、とんでもない、もしものことがあったらあなたは会社の恥ですぞ、とまで脅された人や、ボルネオより早く嫁に行けと家族友人から反対された人もいる(『you』一九七一年十月号)。

そうした壁を乗り越えてでも、参加者たちは探検学校に「入学」するだけの意義を見出したのだろう。「脱マスプロ旅行、脱エリート、脱体制と現代人はやたら脱ぎたがっています。知らぬ間に似あわぬ服を重ね着したか、させられたか、その重みに〝何か変だな〟と感じてきたのかもしれません。探検学校に参加した人たちもそういう人たちなんです」(曽我礼子・同)。

参加にこぎつけるとまずは、語学、地形、人類学などの事前学習会とミーティングが数回設けられ、計画から議論した。

旅の最中は個人で動いてもよいし、各リーダーが提案する行動プランに加わることもできた。たとえばボルネオでは、一週間ほどの分散行動期間に、キナバル山登山と自然調査(三輪主彦)、内陸地探検(伊藤幸司)、農村調査(神崎宣武)が提案されている。その後全員で、無人島での合宿、ミーティング、博物館見学、という旅程である。ミーティングでは、それぞれが見てきたことや感じたことを話し合った。

自由行動では、ボルネオの長屋で落語を語る、子どもたちに布芝居を披露するなど、地元の人と交流する独自のアイデアを携えていった人もいた。

あるくみるきく

123

1977.5

特集■40人の出会ったインド亜大陸

3

やっとのことでキップを手に入れ、やみくもに満員の列車に乗った。だれかが「着くのはあさっての夕方だ」と教えてくれた。

さまざまな足があった。

4

生水がこわい。食事は辛い。強引な客引きにつれこまれた安宿の部屋は……はじめは内心どうなることかと思っていた。

5

でも、みんな急速に慣れた。六、七人から二、三人に、そして一人に。たとえば最年少の粕谷君は四日目の朝独立宣言をした。

粕谷昌弘

ナンダデビ・ホテルのヤシュー

『あるくみるきく』123号 インド探検学校の記事

宮本常一所長が「一学生」となって参加したケニア／タンザニア探検学校でも、いつもどおりホテルの予約もせず、ナイロビに着いてから安宿を探し始めるという具合だった。一行はバスの中で知り合った地元の人に自宅での夕食に招待され、その家族にスワヒリ語を教わってあたたかなひとときを過ごしている。また、現地で一旦解散すると、各自バイクやバスやヒッチハイクで好きな町へ出かけていった。宮本常一はこの旅を「大半を宿にとまらないで民家にとまったり世話になったりして来た人もあれば、多くのよい友人を得た人もある。が共通して体験したことは、文化とは何か、生きるということは何なのかということについての反省と思考を深く持ってきたことである」（『あるくみるきく』一〇七号）と満足気に評している。

帰国後は、観文研で報告会が行われた。参加者たちは探検学校を素直に「楽しかった」と感じ、その後何度も集まるような仲間にもなった。

もっとも、団体ゆえの不便やもどかしさもあった。

自由度が高いとはいえ、おおむね集団行動となる。また、リーダーにはやはりスタッフとしての責務があった。カメルーン探検学校にリーダーとして参加した伊藤幸司は、フルベ族の貴族社会に興味を持ったが、「これが探検学校でなく、探検部の遠征だったら、ぼくはスケジュールを変更しても、疑問点

AMKAS 探検学校の方針について

1. 出発前に可能な限り現地について学習します。
2. 現地では、土地の人の水準生活を体験します。従って高級ホテルなどは使用しません。
3. 各人の自主的な意見や行動を望みます。
4. 土地の人々との交流を大切にします。
5. メンバー相互の交流をはかり、チーム・ワークをもって楽しい旅を心掛けます。

（資料提供・伊藤幸司氏）

をひとつひとつ解決していきたいと思った。カメルーンを発つ前日、ドゥアラ博物館の図書室で、フルベ族に関する二つの論文を見つけたとき、「今度こそ、自分の金で帰ってこよう」と思った」(『あるくみるきく』七六号)と綴っている。

実際、向後元彦は探検学校への参加は一度だけで良い、次は自分だけの力で出かけて下さい、と語っていた。探検学校は、あくまで自分の旅に漕ぎ出すきっかけなのだ。旅の価値は、自分自身で開拓するところにある。「必要なのは、それらの行為(探検、旅)を通じて、自己の人生をどれだけ豊かにできるか、そして、自己の人生のみならず他人の人生にもどれだけ良い影響を与えることができるか、ということです」(『あるくみるきく』四二号)と向後は考える。

その言葉を実行するように、向後元彦はまもなく観文研を離れ、アラビアの砂漠をマングローブで緑化するという新たな冒険へと踏み出していった(向後元彦『緑の冒険』)。残されたＡＭＫＡＳは、伊藤幸司や数々のアメーバたちによって動き続けていく。

なお、ＡＭＫＡＳ探検学校は近畿日本ツーリストの営業とはまったく無関係に行われた。企業の責任においては、このようなリスクの計りしれない旅行を商品として売るわけにはいかなかっただろう。航空券の割引もＡＭＫＡＳが単独で知り合いの旅行会社に交渉したのだ。こうした自由な活動が許されたのは、馬場勇副社長が理解あるゆえといえる。

それというのも、探検学校が地球を教科書として自分の足で歩き、見て、聞き、学ぶ場を提供するものであり、馬場勇が考える旅の社会的意義や、所長・宮本常一の旅の哲学と、根本で通じていたからだろう。

## 「旅」という価値観

観文研の人々の旅は目的も好みもさまざまだが、宮本常一とも共通するいくつかの傾向があった。

まず、旅とは現実を自分の目で直接見ようとすることだった。

「私だって学んでいないことを口には出せません。だから幅広い関心を持ち続けて、数多くの現実の姿に出会うように旅をしたいと思っているのです」（相澤韶男『美者たらんとす』）

また、旅は出会いでもあった。

「（…）あの時のあの顔がもう一度見たい、あそこに行けばあいつがいる—そういう旅先で親しくなった人たちへの想いも、何年も何年もくすぶりつづけ、ついまたその地への旅にかり出してしまうもとになります」（宮本千晴『あるくみるきく』三六号）

出会った笑顔が旅の記憶となる。困難なときほど人の有り難さは身に染みた。

幸運にも若さは、心おきなく人の世話になれる特権でもあった。神崎宣武は次のように語る。

「旅先で千円でも二千円でもあれば居酒屋のカウンターに座ってね。二日目も行ったら、店のおばさんがいろいろ話してくれるの。それで、このごろ疲れるとか、まだ片付けが済んでないとか聞けば、じゃあ手伝おうかと言って下ごしらえをしたり、魚をさばいたり。そうやって居候させてもらったりもしました。

とにかく、悪い人には会わなかった。それで渡れたわけ。一晩の宿にしろ、食事にしろね、与えてもらって。ツテっていうのはほとんどなかったけれど、それが若いときのいいところでね。市場なんかで座ってじぃっと見ているると、〝お兄さんどこから来たんだ〟って聞かれるから、〝いやあちょっと土器が見たいと思って〟〝俺が連れってってやるから一緒に行こう〟ってなる。それで、〝どこで食ってんだ〟〝いやあんまりお金ないから〟〝じゃあうちへ来い〟だよ。三十代前半まではね」

さらに、そうした旅の間にはどこか、未来への使命感も潜んでいた。

田口洋美は旅マタギから聞いた「やっぱりどんなに世間を歩いてきても、結局はそれで稼いだ金とか知識というのを何に使ったかで村の将来というのは随分違ってくるようですよ。今になってみるとそういうごど感じるすな」(『あるくみるきく』二六一号)という言葉を書き留めている。

海外探検や放浪の旅ではどちらかというと、個人的満足と自己表現のため、という動機が強い。とはいえ、それが結果として豊かさの問い直しや社会貢献につながっていく場合もあった。

このような観文研ではほぼ、「旅」とはいっても「旅行」という言葉は使わなかった」という。「「旅行」は遊興の色合いが濃いが、歩いて学ぶという意味合いの強い「旅」のほうを、観文研に出入りするだれもがごく自然に使い、旅をしている、という自尊心にもなっていた」(須藤功『宮本常一とあるいた昭和の日本』一七巻)。

宮本常一は「旅」と「旅行」の違いについて、「旅」を「自分の根拠とする所をはなれて、まず見知らぬところをあるくのが第一条件」かつ「苦痛のともなうような条件がなければならない」とした。「旅行」は「自分の金を持ち、車や船を利用し宿に泊る」、新しい感覚の概念とする（『旅と観光』）。

ここでいう「旅行」とは、近代の観光旅行を指している。

「観光」という言葉は、中国の古典『易経』にある一文を明治政府が「国の光を観《み》る」と解釈し、自国や外国の良いところを見てこれからの国づくりに活かそう、という理念で用いたものだ。

しかし産業化により消費行動として広まった近代の観光旅行は、楽園の幻影を見て楽しまれる、などとも指摘されてきた（ダニエル・J・ブーアスティン『幻影《イメジ》の時代』）。

近代の観光旅行が人工的に明るく照らされた表の部分だけを楽しむものだとすれば、苦しみをともなう古来の旅とは、光だけでなく影も含んだ世界を立体的に捉えようとする概念だと言えよう。

「旅」という言葉に込められたこうした価値観は、歩く旅を体験した者たちには説明不要で直感的に共有されている。それだけに、「所員」たちは日本観光文化研究所という名称には違和感を持っていた。

「『観光』っていう言葉が、やっぱり引っかかりましたよね。だから宮本先生が亡くなった後、向後元彦からも〝観光じゃおかしいから変えようか〟なんて話もあったんです。ただ観光の元の理念から言うと、けしておかしくはないんですけどね」（須藤功）

「『観光』という言葉の本当の意味は、僕はあんまり分かってなかったんで、日本観光文化研究所というのはなんでこんな名前を付けたんだって、非常に不思議というか、反感みたいなものはありましたね。観光学も、エコツーリズムとなればともかく、そうではなく、ホテルをたくさん建てるだけのような開発と結びついた研究は、自分の興味とは違います」（丸山純）

「JICAの出張で、マレーシアの三〇畳くらいある高級タワーホテルに一人で泊まったとき、なんだこの世界は、と思いました。私のそれまでが異常だったんでしょうが、ドミトリーに泊まるような旅を観文研でずっとやってきたので、びっくりしたよね。居心地が悪かったです（笑）。

でもバヌアツの仕事では、ちっちゃな島の掘っ立て小屋みたいなゲストハウスに泊まりました。空を仰げば、星が見える。水は近くの川から汲んできて、自分で沸かして。そういうところがやっぱり、旅の面白さだったねえ」（森本孝）

良い「旅」の基準は、高級ホテルより、人や暮らし、大地との近さだった。

「観文研ができた当時、旅行会社が扱っていた『観光』と観文研が重視していた『旅』とは随分隔たりがありました。観文研には、両方から近寄る努力をして、『観光』という言葉の中味を変えていこうという野心があったんですね」（宮本千晴）

宮本常一は「観光」を「太陽のもとに出て陽の光を見ること、光を浴びること、と表現したことがある」ともいう（香月洋一郎『フィールドに吹く風』）。

あるいは、観文研の旅はフィールドワークという用語でも言い表し得る。

しかしフィールドワークといっても、正式な学術調査として手続きを踏んで入っていくとは限らない。ふらりと放浪する中で気になる発見をして調査研究めいてくる場合もあれば、研究テーマを抱いて発ちながらも途中で迷いさすらう場合もある。旅の幅は場合によって放浪と調査の連続した間にあり、境は必ずしも明白ではなかった。学問の枠にこだわる必要もなかった。

「学問の枠では民俗学と文化人類学を区別したりしますけど、要は人の暮らし、生き様への関心ですから、何学であっても矛盾はないわけですね。

探検でも何かを吸収する、勉強することはできて。ちゃんとした学問の方法論を持っていくのではなくて、もっと素朴な、ナマの実感ですけど、人々の営みとか、生きる技術だとか、心根だとか、世界観、価値観、そういうものが人として触れ合えば自動的に伝わり合うし、関心も持つものでしょう?

早い話、知性で認識しているかどうかは別として、土地の人たちと一緒にいてお互いになんら違和感を持たなくなった状態っていうのは、どこか心の奥の方で、そこのカルチャーの真髄の部分を理解していることだと思ってるんですよ。真似してると意識もしない状態になっているのは、動物的な感覚で理解してるんだと思うんです。それを意識して、学問の方法論によってデータ化できれば、それはナンタラ学の調査と同じことになると思うんですが。そこまでいかなくても、相互理解という意味ではね、旅や探検と学問というものの距離はそんなにあるものではない。ただ、決定的な違いなんですけどね、方法論を持つか持たないかっていうのはね」(宮本千晴)

いずれにしても旅人たちは、「旅行」や「観光」や「調査」よりも、「旅」という言葉に特別な感慨をもって馴染んでいたのである。

「旅? うーん……。やっぱり大げさに言えば、人生だろうな。非常に印象に残る言葉があるんですけどね。旅は〝他人の火〟と書く、と。よそへ行って、人さまの火を借りて、煮炊きする、生きる。そういうことが旅の語源ではないか、という説を聞いて、はは あ、なるほどと思ったことがあります。

確かに、人さまの生き様を見つけるのが旅だ。これが、私の人生にどういう影響を与えるのか考えるのが旅だ。私はそういうふうに旅を思ってます。簡単ですけど」（伊藤碩男）

伊藤碩男氏（2014年）

## 愛すべき変わり者たち

当時の観文研を知る関係者は、集まった旅人たちについて口々にこう評する。

「簡単に言うと変な奴ばっかり（笑）。みんなひとクセあるね」（須藤功）

「変わり者ばかりですよ。整理魔だったり、計測魔だったり。やんちゃと言えばみんなやんちゃだしね。アウトサイダー集団が東京でたむろしていた空間の一つが観文研だった」（山崎禅雄）

たしかに昭和の高度成長期真っ只中に、いい大学を出ていい会社への就職を目指す世の規範に背き、不可解なほど旅ばかりする、少しばかり「変」な人たちだったかもしれない。

ある面では、動き続けることそのものが喜びのような人々である。新しい世界を求め、止まぬ旅心に燃えている。またある面では、一つのテーマを深く掘り下げる学究心が強い人々である。特定の土地に何度も通い、モノやデータを収集し、記録することに夢中になる。

そして宮本常一と同じように、非常にエネルギッシュで、話が尽きず、ほとんど飲まず食わずで一昼夜でも語り続けられる。

幼い頃から利発だが、予想された安定コースから外れて、どこか「変わり者」と呼ばれ得る個性を生きているのである。

そのため、会社組織や集団には馴染まないようだ。

たとえば、観文研が動き出した一九六〇年代半ばから七〇年代は、学生運動が盛んな時期だった。観文研の若者たちにも権力や体制への反骨心はあった。しかし実は、学生運動に入れ込んだという話は意外に少ない。もちろんデモに参加したという人もいる。しかし熱を帯びて語られるのは学生運動よりも旅のことだ。大学が封鎖されて講義がなくなると、かわりに観文研を覗いたり旅に出たりしている。

「私は集団行動や肩を組んで校歌を熱唱する趣味がないんです。バッヂを付けたり、所属を表現するのも好きじゃないしね。だからといって学生運動自体に反対するわけじゃないけど。全学連の集団主義に馴染まないんだね」(山崎禅雄)

思想の賛否以前に、帰属意識の強制は御免だ、という感覚だろうか。

ところが観文研は、組織といっても形がないようなもので、寛容だった。

「組織に縛られるのは、そりゃあもう大っ嫌い。めっちゃくちゃ嫌いです。観文研は宮本常一の思想と宮本千晴さんの方針で、別に縛ろうっていう気がまったくありませんでしたから」(賀曽利隆)

一人旅が好まれたのも必然といえる。組織や集団行動には相容れないながら、さまざまな光を放つ若者たちにとって、観文研は自分らしくありのままに輝ける居場所となったのである。

「はっきり言って〝病棟〟みたいなもんだよ」とおどける意見もある。

「観文研の外の日常では、みんな変わり者さ。まっとうな人間には見えない。だけど観文研に来るとやっと、〝普通の人〟になれる。〝何だあの変わった奴は〟と言われる人でも、神様みたいな有名人でも、特別に扱う人は誰もいない。観文研に行けばただの人だから。ちょっと世間では受けいれられない共通

のごビョーキみたいなものがあって（笑）。あの空間は唯一、そういう人間が普通になれた場所なのかなって思う」（田口洋美）

「所員」たち同士は、ほとんど真逆のような部分もある。方向性の違う人たちが同じ場でやっていけたのは、そうした混沌を混沌のまま、まるごと受けとめられたからだ。

「観文研では異質なものが同居していました。探検だったり、まじめな研究だったり、民俗、建築、経済、さまざまな関心を持つ人たちが、融合するわけではないけれど、知らず知らずお互いに影響しあう環境でした」（田村善次郎）

「観文研は、宮本先生は、多様な価値観を認めたんです。それは生き方の多様性なんですね。バイオダイバーシティならぬ、〝ライフダイバーシティ〟なの。たとえば、ニートはいけないとか、大学の基準は就職率だとか、現代社会ってある職能だけしか認めないところがあるんですよ。人の多様な姿を認めることが少ない社会は、やっぱり貧しい社会だと思う」（田口洋美）

「僕ら昔ね、ＡＭＫＡＳで、訳もなく飛び込んできた人は大事にしようって言われたの。理由が分かってくる人はまあおおよその見当がつくんだけど、訳も分からず来た人って、ものすごいことになるかもしれないって」（伊藤幸司）

観文研は、たとえて言えば、漫画家たちにとっての「トキワ荘」のようなものだったとも思える。世間の主流から飛び出た若者たちは、金はあまりないけれども旅にかける情熱があり、磨き合って巣立っていったのである。

第三章

# 旅学の技術

観文研には、旅を通して知見を深める独学のメソッドがあった。宮本常一から伝わるフィールドワークの方法である。旅をその場かぎりの消費にとどめず旅学へと導いた、その技術を紹介してみよう。

## あるく

宮本常一は「～へ行った」「～を旅した」と言うかわりに、「～を歩いた」とよく表現した。これは単なる比喩ではなく、実際にできるかぎり足で歩くようにしていたのだ。旅をするとは、すなわち歩くことだった。歩くのが好きで、歩きながら、働いている人の姿や顔、暮らしの営みを見たという。

以下は、その歩き方のコツだ。

### テーマを持つ

宮本常一は「漫然と歩くのではなく、何かテーマを持って歩くように」（『民俗学の旅』）とすすめた。テーマは何でも良かった。観文研ではやはり民俗学的な事柄が多い。国内では漆器、陶器、石細工、竹細工、鉄などの民具や、祭り、音楽、食文化、狩猟、建築などが挙げられる。海外では地域や民族の社会全体を知ろうとする文化人類学的な関心が見られる。

しかし海外放浪では、「テーマみたいなものがない」「将来にあんまり関係がないことをやっている気がする」という傾向も指摘されていた（森本孝『あるくみるきく』七〇号）。

向後元彦は「ただ変った土地に行くだけではダメだ。そこでお前が何をするか」（『レクリエーション』一三二号・一九七一年）と問うていた。

旅の骨となるテーマがないと、せっかく遠い土地まで出向いてもお決まりの観光コース以外は素通りしてしまいがちだ。しかし頭の片隅にテーマを従えていると、独自の目線や道すじが生まれる。関連した人に出会い、語り合えるようになると、旅の味わいはぐっと深みを増す。

また、向後元彦は、ユニークなテーマであれば強みになると助言する。

「世の中に優秀な人はゴマンといる。だけど僕は運が良かったのは、ヒマラヤなんか数えるほどの人しか行ってなかった時代に行ったこと。マングローブの植林も、世界でそんなことやってた人はいなかった。ＡＭＫＡＳ探検学校もささやかなものだけど、そういう、人がやっていない面白いテーマで何かを一生懸命やろうとすると、いろんな人が心から応援してくれる」

たとえばメディアで「絶景」「世界遺産」などと紹介されると人がこぞって押しかけがちだが、流行より、自分の内側から湧く関心が大切だ。歩く旅人たちは、ブームになった場所からはむしろ足を遠ざけるくらいである。柳田國男は、「大勢が行つたからといふことに動かされる」のでは良い旅はできない、商業主義の旅行業者の言うことをきいてはいけない、と諭してもいる（『柳田國男全集』第二九巻）。

ただしテーマは、構えず歩き出せば、旅の中で見つかるかもしれなかった。

もともと旅人ではなく事務職員として観文研に勤めていた西山妙は、観文研で行った佐渡を皮切りに、旅に目覚める。西山はそれをこう振り返る。

「観文研の人たちはそれぞれ研究テーマや旅の目的を持っていましたが、自分にはまだ何の目的もありませんでした。ただ、自分が地方を何も知らないのが情けないので、知らなかったことを知りたい、外に出たいと切実に思いました。目的もなく歩かせてもらうことは観文研では珍しかったのですが、宮本先生は『自分なりに楽しんで来なさい。そして原稿にまとめてみなさい』と。旅の機会はその後も続けていただけた。有り難いことでした。

近頃になってあのときの先生の思いが分かってきたんです。先生は、まっさらな人間に旅をさせてみよう、東京育ちで旅もしたことのない若い娘が旅をしてどう変わっていくか、やらせてみようとしてくださったのではないでしょうか。

翌年の夏休みには、返還前の沖縄に行ってみました。沖縄はまだ情報がほとんどなく、パスポートが要る時代です。そこでも自分がちゃんとやっていけるか、試される旅になりました。行きの船の中で、琉球大学の自治会室に泊まれると聞いてお世話になったり、街の銭湯へ行ったりもしました。悲惨な沖縄戦の跡や、島々の美しい村のたたずまいを前に、別世界に入った心地でした」

西山妙はその後、福島県の三春人形とその創り手との出会いから、旅を重ねるようになる。

もともと関心のあるテーマは特になかった、という武蔵野美大出身の神崎宣武は、宮本常一から焼き物の収集を任されて歩き始めた。

「僕はもう、すべてなんとなく！　他にやることもないんだもん（笑）。ただ、焼き物を見ながら、作る人よりは売る人が面白いなあ、売る人の中では半端モノをごまかしながら売る人が素直だなあ、というふうに興味が変わっていった。宮本先生はそれを別にとやかくは言わなかった」

そうして神崎宣武は茶碗売りのテキ屋とともに日本を歩いた。

テーマとは、見たい、知りたい、感じたいという思いの焦点である。立派な大義を掲げようと力む必要はないのだろう。ただ、たとえばストレッチや筋トレをするときに、今どこを伸ばしているのか、どこを鍛えたいのか、その箇所に意識を向けながら行うと効果が高まるのと似ている。

同じように町をぶらつくにしても、本人にとって何をしに行っているのか分からない旅は、曖昧な印象で終わりがちだ。しかし興味の種さえあれば、それは格段に実のなる旅となる。

## 自発、自主、自律

観文研での旅は誰かの後ろからついていくツアーではなく、自分で決めて、自力で歩くのが前提だ。学ぶ旅というと修学旅行が思い浮かびそうだが、引率の先生がいてスケジュールが決まっている修学旅行とは、この点が異なる。

「基本的に旅は、自由にさせてもらっていました。自分で希望して、自分の意志で動けるっていうこと。旅の効果は、これが絶対に大きいですよ」（須藤功）

大抵は一人か少人数で行く。宮本常一は「一人なり二人で歩いていると、どうしても相手の社会にとけこまねばならないので観察がおこり、相手に同化することに務めるようになる」（『民俗学の旅』）として勧めた。仲間がいても、つねに同じ行動を取る必要はなかった。

「どこかまでは一緒に行って、途中から一人になるとかね。最初から最後までずっとべったりいるのは、あんまり多くないね」（須藤功）

「グループ旅行もいいですが、泊まる宿も決めないで行くというのは、普通はあまり理解されませんよね。一緒に行く相手の迷惑になりたくないから、基本は一人ですね。一人だと、通りすがりの人ともすぐ話ができますし」（西山妙）

一人でいても旅先でいろいろな人と話す場面があり、案外寂しくはないものだ。しかし、やはり時には孤独を味わうときもある。身を切るような孤独に浸らざるを得ない夜は、自分と向き合う時間となる。また、自由な旅は、自律の旅でもある。トラブルにも自分で対処する覚悟が必要だ。

## 偶然にまかせる

旅は偶然によって成り立っている。

宮本常一は出会った人に応じて、次の一歩を決めた。「ただある一つの村を目標として来るのであれば是が非でもそこに腰を下ろして見なければなるまいが、そうでなければ時に予定を果たさなくても逆に予期せぬ収穫がある。こういう調査の方法が決して科学的であるとは言えないけれども、効果はあがるのである。そしてそれが予期せぬものを得ることがあるだけに喜びも大きい」（「土と共に」『村里を行く』）という。サプライズのプレゼントが特別嬉しいように、偶然から生まれた感動こそは旅の記憶をさらに強めてくれる。
行程や宿はきっちり決めない。
「はじめから宿を予約してたら、そこへ行かなきゃいけないじゃないですか。それ、苦痛ですよね（笑）。だから歩いて、この町に泊まりたいなあと、気に入ったところで泊まるようにしてました」（須藤功）
また、通常であれば、目的地まで直行で最速の乗り物を選ぶかもしれない。しかし観文研の旅人たちはできるだけゆっくり、寄り道をして行く方を選んだ。宮本常一は「この連中は、真直な道も、わざわざ曲りくねって歩く」（伊藤碩男『あるくみるきく』一七八号）と言ったという。
「宮本先生は、まっすぐに目的地に行かないで、寄り道しろ、その寄り道が一番面白いとおっしゃっていたんだよね」（伊藤碩男）
「一九六〇年代から九〇年代を歩いてきた人たちは、バスに乗って途中で降りて、ずうっと歩いていくわけですよ。村を歩きながら写真撮ったり、ノート取ったり、立ち話をしたり」（田口洋美）
「見たいものが一つあれば、その周辺をダーッと歩くわけ。犬も歩けば棒に当たる方式でね」（須藤功）
「用事がなくても駅に降りてみる。出張で出かけても同じ道を通らない。日常でも毎日やってると違いますよ。パリを歩いたときにも役立ちました。夜十二時に凱旋門の灯りが消える。そこから夜の街を郊外のホテルまでずっと歩いていきました。旅行者と見られて狙われないように、いかにもパリの人というふうに堂々と歩いたんですよ。そうして歩いていると、通りにあるお店から仕事を終えた人々がわあっと出てくる。一瞬にして白人の世界から非白人系の労働者の世界に変わった。これがヨーロッパだ

と思いました。歩かなければ分からないことでした」（山崎禅雄）

偶然まかせの旅は、無駄が多く、効率的ではない。しかし観文研では、偶然の潜在力こそが大切にされたのである。

## 安く、長く

旅は低予算が基本だ。観文研では国内に限り旅費が支給されたが、それでもできるだけ長く旅をしようと節約した。学生時代からアルバイトで貯めた幾らかを握りしめ、友人の家や安宿を泊まり歩いていた人も多い。

「夜行列車にして宿賃を浮かせることは、よくやりましたね」（須藤功）

「だから旅館なんか泊まらなかったよ。たとえば鹿児島では、薬売りが泊まるような旅人宿《りょにんしゅく》っていうのがあったのね。あるいは当時盛んだったユースホステルに泊まったり。それで一週間の予定を二週間に延ばして」（森本孝）

「その頃はお金がなかったから、そんなにフィルムも潤沢じゃないわけよ。ほんとに貧乏だったからね、ケチケチしながら撮ってましたね」（西山昭宣）

「初めてのユーラシアの旅は一〇〇〇ドルしか持って行かなくて、本当にカツカツで、生きてるのがやっとの貧乏旅行だったよね」（相澤韶男）

貧乏旅行は、長く旅を続けるためにやむを得ない手段だった。しかしそれだけでなく、宮本常一はむしろ質素にすることで「自分の身分や肩書きというものが自分で意識しなくてすむようになる」（『旅と観光』）点に意味を見出していた。巡礼の精神と通じ、人間形成に資するゆえに、次のように貧乏旅行を応援したのである。

しかし観光にも二通りのものがある。その一つは豪華な観光旅館にとまり、豪華な解放された気分を味わいたいというものと、今一つは貧乏旅行である。この貧乏旅行は系統から言えば昔の参拝旅行に属するものであろう。農民が信心する神仏へ参拝のための旅をする。宿はたいてい木賃宿か民泊ですます。しかしその途中でいろいろの人に接し、物を見、また学んで来る。そしてそれは自分のためにもまた村のためにも役立つものであった。

そういう旅は宿銭が高くなり、また民泊させてくれる家の少なくなった大正時代から急に減ってしまっていた。ところが最近学生の増加と、一方国民宿舎やユースホステルの発達にともなって学生たちでそうした旅行を試みるものが激増してきた。この仲間は信心のための旅ではないが、旅をすることによって何らかの知識を身につけようとしている。いわゆる遊びのためだけの旅行ではない。

私は小さな私立の大学につとめているが、教えている学生に夏休みの課題として読書と旅行についてのレポートを書かせた。するとおよそ三分の一が旅行に関するレポートを出した。北は北海道から南は鹿児島県与論島にまでおよんでおり、しかもその旅は、旅先で何かを見、何かを学ぼうとするものである。旅行に関するレポートを出さなかった者の中にも旅をした者は多いであろう。が、いずれにしてもただ遊んで来るのではなく、学ぶためのものであったということは愉快であり、それらがいずれも貧乏旅行だったことである。しかもそうした旅が若い人たちの将来を決定するのではないかと思われるようなもののもあった。（『旅と観光』）

学生の旅は素朴であった。宿へとまることは少なくて、わずかばかりの伝手《つて》をもとめて民家へとめてもらったり、寺や学校にとめてもらったり、時にはテントを張ったりして目的地を歩く。宿へとまるにしてもたいていは安宿である。そして少しでも親切にされると心から喜ぶ。そういうことが因になって長い交際もつづけるようになる。（「日本の島々」『離島の旅』）

徒歩で日本縦断の無銭旅行をした東京農業大学の学生、田中雄二郎が観文研に現れたときは、「道でいくら拾った」といった話を聞きながら、宮本常一は「自分もこういう旅をしていた」と大いに喜んだそうだ。

したがって観文研では、国内限定で支給する旅費にも慎重だった。

「決められた額の中で、タダで泊まれれば長く旅ができる。それは気楽とも受け取れるでしょうし、厳しいトレーニングでもあります。一〇日の旅費を渡したら二〇日は帰ってくるなという状態です。否応なしにあるレベルまで無理をしてがんばって、否応なしに人と接触していかないとできません」（宮本千晴）

「俺、観文研の最初のモルモットだもん。いくら渡したら、体壊さないで、死なないで帰ってこられるかっていう実験台だよ。宮本先生が心配したけど、ギリギリのところを生きて旅してきた。それでずいぶん勉強させられて、充分満足した」（相澤韶男）

参加者が自費で海外へ行く「ＡＭＫＡＳ探検学校」でも、向後元彦の方針により、予算は格安航空券と一日一〇ドルに制限された。

そうした低予算の旅では、金銭のかわりに手間と時間をかけることで見えてくるものがあった。そこに利害を超えた、人との結び付きも生まれたのだった。

## 身体を使う

金がなければ、身体を使わざるを得ない場面も増える。旅人たちはタクシーなどを頼まず、できるだけ自分の足で歩いた。

谷沢明は二十代前半で宮本常一と佐渡を歩いたとき、「日記に、宮本先生は足が速くてついていくのが大変だった、と記していました」と明かす。宮本常一は当時六十七歳、健脚ぶりが伺える。

しかも大抵、荷を背負って歩くのである。

「リュックサックを担いで、大きいカメラと三五ミリのカラーと白黒、最低三台のカメラを持って歩いていましたね。それはまるで煉瓦を担いでいるような（笑）。まだ若かったからね、といっても三十代ですけど。今でも八十歳ですけどね、一日二五、六キロメートルは歩く自信があります」（須藤功）

旅において「歩く」と「背負う」は身体的な二大要素だ。宮本常一は「日本人を旅好きというか、簡単にさせるようにしたものがある。それは物を背負うという習慣なんです」「日本人は昔からしょいかごで物を背負うという習慣を持っている」「これが今日の学生諸君のリュックサック旅行のもとになっている」（『旅と観光』）と述べている。

ここで、教育学者の斎藤孝による『身体感覚を取り戻す　腰・ハラ文化の再生』を参照してみよう。斎藤孝は、昔の日本人は「歩く」「背負う」といった技を文化として身につけており、それは思考とも深い関わりがあると論じている。歩くことや背負うことは身体の芯である腰や肚、すなわち丹田を鍛える。日本では、丹田は心の軸とも考えられてきたという。

いわく「歩く」ことは脳内にセロトニンを増やし、精神の安定をもたらす。行き詰まったときに外を歩けば打開案が浮かぶこともある。また、長く歩く経験は「物事に対する粘り強さを育てる」。「背負う」とは、腰を決めて重みを支えることであり、「背負った経験やイメージは、その後の人生の活力を支えることにもなる」という。現代では歩いたり背負ったりする習慣は格段に減ったが、もっと見直されてよい身体文化の技だと、斎藤孝は説いている。

また、旅の醍醐味は苦労にあるという事実も、多くの人が指摘するところである。

「〈歩く〉という作業が、こんなに苦しいものとは知らなかった。（…）孤独と極限までの疲労と飢えとの戦い。弱い自己に対する強烈な戦いであった」「宝石は希少であるが故に尊いように、楽しみのみを追うのは、真の旅とは云えまい。旅の真髄は〈苦しみ〉の中にこそ発見されよう。「旅行とは困難を克服するもの」アラビヤ人の諺である」（向後元彦『あるくみるきく』二九号）。

「（…）時には足は棒になり、身体はやつれ、空腹をかかえてジャングルの中で夜露にふるえねばならなかった。思いだしてみると私の旅は苦しさの連続であった。なぜそんな思いをしてまでも、なお旅をつづけているのか、時々自分自身がわからなくなる。しかし新しいものを見、体験するたびに、この世に生をうけた歓喜がふたたび体じゅうにみちてくる」（国岡宣之『あるくみるきく』三三号）

実にマゾヒスティックである。やはり変わり者と言われそうだ。だが、得てして喜びは苦難を乗り越えた先に見出される。辛ければこそ生命力が奮い立ち、影が濃いからこそ光もまた強烈に濃く感じられるのだ。

一九六七年にインド、ネパールへ渡った西山昭宣の旅を例に挙げてみよう。

## 〈波乱万丈ネパール冬の旅〉

早稲田大学でアジア学会というサークルにいた西山昭宣は、学生時代の仲間が参加するネパールの民族学的な調査に加わった。しかし調査地の村に辿りつくことはおろか、ネパールに入るだけでも一騒動だったという。まず、インドのカルカッタ（現コルカタ）から列車でネパール国境の町へ荷物を送った。ところが国境の町でいつまで待っていても荷物は届かない。

「手違いだかなんだか知らないが、荷物を積んだ貨車はカルカッタ駅に停車したままだった。寝袋から何からすべてがそこに入っている、このままだとネパールの寒さに仲間たちが参ってしまうって、駅長室で説明しているうちに涙が出たほどでした」

今度は貨車がヤードを出るのを確認し、途中二ヶ所の積み替え駅では泊まり込んで逐一見張りながら、一週間かけて国境に到着した。

ネパール国境では、待機していた田村善次郎隊長とトラックに積んだ荷物の上に乗って、真夜中に首都カトマンズへ走った。すでに十一月、寒さは厳しかった。それでも、震えながら朝を迎えた峠から、初めて本物のヒマラヤを仰いだときのなんとも言えない興奮は今も忘れられないという。

カトマンズからは西南部へ飛び、そこから北へ歩き出した。北の村人たちが、家畜を連れて南下してくる時期での逆流だ。調査隊の荷物係であった西山は、最後のポーターが動き出すとともに本隊を追ったが、出発が数時間遅れると本隊とは別の宿泊地になる場合も多い。手持ちの資金が足りなくなり、食事代や焼酎代もシェルパの懐を宛てにする始末となった。

「寒くなっていくし、心細いこともあったけど、インドで荷物探ししたのと、北に向かって歩き始めたころが、僕にとっては非常にインパクトが強くてね」

それが西山にとって初の海外体験だった。

「カルカッタでは荷物が税関を抜けるまでが長くて、その間、仲間たちはネパールに先行して、自分はチベット難民が集まる地域の安宿で待機していました。初めての外国としてカルカッタはかなり手強かった。町では目抜き通りにも路上生活者が実に多くて、中には死んでいる人もいました。最初は本当に仰天したけど、慣れてしまうというか、腰のまわりが濡れていたりすると、ああもう死んでいるんだな、と。それから中印戦争の影響も受けて、博物館に入ろうとしたら、来ていた小学生たちにチャイニーズと叫ばれて石を投げられたこともあります。

そんな経験をした後のカトマンズは、人も風景も優しい魅力的な街でした。電力も不十分だから夜は暗かったけど、街角から妖精が現れるような気配すらあった」

ネパールでは、調査地に適した村を探しながら歩くという奇妙な旅が続いた。一九六八年一月五日、食糧も限界に近づいたとき、とうとう目的に適う村に辿りついた。標高三五〇〇メートルほどのチベット人の村だ。そこで越冬させてもらった。

「二ヶ月後に村から離れて、別ルートで南へ歩き出しました。今度はどんどん暖かくなって、花は咲いているし、食べ物も豊かになるし。ヤギを買って引っ張って歩き、目の前で殺されたヤギを食ったりね。二〇日間ほど、ポーターも少なくて気楽に歩きました。

今でも、一緒に行った田村善次郎さんと話すのはその冬の旅のことです。僕にとっては、とても思い出深い旅だったね」

帰国後、西山昭宣は一九七〇年の大阪万博でネパール館の開設に協力し、その後に観文研と本格的な関わりを持つことにな

西山昭宣氏（2019年）

る。学生時代のアジア学会の仲間との親交は続き、今もインドやネパール、中国などへの旅を共にしているという。

◇

難儀ゆえに光が際立つ旅は、のちのちまで強く脳裏に刻まれる。

「旅の教育的な面っていうのは、人生もそうだけど、やっぱり苦労してるかしてないか。苦労してる人は、人の苦労が分かる。山登りもそうだけど、あえて苦労をする。だから面白いテーマを見つけて苦労してまで追うことは、旅の大きな効用だね」（向後元彦）

## 歩くための旅支度

さて、足でせっせと歩くには、旅支度にも技術がいる。

宮本常一は、「リュックサックを背負っての旅で、リュックサックの中には、着がえと紙くずのようなものと書物が二、三冊、時にはコメの一升もはいっていることがあった」（『旅にまなぶ』）という。

機動力の点ではこのようにリュックサック（バックパック）が便利だ。宮本常一もいわば「バックパッカー」だったのである。

持ち物は最低限にしぼる。「それこそハンケチ一枚でも省略するのです。二枚あればたりると思えば三枚は持たない。すると自分にとって必要なものは、きわめてわずかで済むということを、そのたびに新しく知るのです。これは、旅の、ある意味での一番の楽しさなんです」（『旅の民俗学』）。「足るを知る」

である。旅人は必然的にミニマリストだ。

服装は、宮本常一の場合、「いがぐり頭に真黒な日焼け顔、半袖のカーキ色上着から白い開襟シャツの襟を出し、やはりカーキ色のズボンにドタ靴という出立ち。さしずめ復員したばかりの兵隊のようだった」（斎藤卓志『世間師・宮本常一の仕事』）と伝えられている。富山の薬売りに間違えられたともいうから、一般の旅行客から見ると風変わりな旅装束といえよう。

しかしその笑顔で警戒は解け、庶民にとってはむしろ気取らず話しやすい相手となったようだ。動きやすく丈夫で簡単な服装は、巡礼の白衣と同様に、地位や財産を誇示しない。その様子は、若い頃は草鞋履きだったが、のちには白足袋に威厳ある袴姿で行ったという柳田國男の旅としばしば対照的にも語られる。

白足袋かドタ靴か。旅支度によって、歩き方や見える景色、出会う人が変わる。すると、同じ土地でも得られる経験が異なってくるのである。

## みる

次に、目の養い方をまとめてみよう。

「別に旅なんて何もそうかしこまって発見しなくてもいいといっちゃえばそれまでだけど、その中からすでに世間では知ってることかもしれないけど、自分なりに新しいものを見つけ出す方がやはり楽しいんですよ」（田村善次郎『あるくみるきく』七〇号）という。

以下は、評判どおりの名所や絶景を確かめるだけでなく、旅をさらに充実させるための「見る」方法である。

### 高所から見晴らす

宮本善十郎から常一に受け継がれた旅の筆頭技術は、高所から地域を一望することだ。「とにかくどこへ行ってもまず高いところへ上って見なさい。そうして全体を見通せば、そこの様子が皆わかるものだし、道に迷うことがない」（『旅の民俗学』）と教えられた宮本常一は、ガイドブックを使う必要もなかったという。最初に丘や展望台に登って全景を見渡す、という方法は効果があったようで、観文研でもよく浸透していた。

## 問いを見つける

何事も疑問を持ちながら見ると、発見を得る。たとえば宮本常一は、「和泉山地の松山には百年をこえる木は少なかった。それではそれ以前は何が生えていたのだろうか。またなぜ伐ったのだろうかと考えてみる。松以外の木のあるところではなぜそんな木があるのだろうと思ってみる。（…）そしてそこには自分たちの生活に役立つ木を植えていたのだが、どんな生活に役立てたのであろう」（『民俗学の旅』）と「なぜ」を重ねる。また、雑穀栽培が盛んな山梨県の西原《さいはら》を訪ねた賀曽利隆は、「西原の人たちは、米を自給しようという意識が薄かったのではないか」「もしそうだとすれば、それはどうしてなのだろうか」「そのことと雑穀栽培が根強く残り、雑穀食が今も生活の中にあることと、どのようなかかわりがあるのだろうか」「私には、まだ、わからないことが山ほどある」「もっと、もっと、知りたい」（『あるくみるきく』二三六号）と、次々に謎を浮かべていく。風景を眺めるにしても、まるで文献を読みながら問いを書き込むようにして、能動的に解釈を試みているのである。

## 基準と見比べる

物事を見るには自分なりの物差しを持つのが大事だ、と宮本常一は説いた。たとえば仏像を見るなら、「とにかくこれぞと思う寺の仏像を心の中に焼きつけておいて、それをたよりにいろいろの仏像を見ていくと、他の仏像の中から多くのことを教えられるのである。どんなものを見ていくにも基準になる具体的なものを持つことが何よりも大切であると教えられた」（『民俗学の旅』）という。

基準と比較することで、観察眼はより深まる。それは異なる点とともに同じ点を見出す眼だ。基準を持つとは、自分の立ち位置を自覚することでもある。宮本常一は「大島の百姓」として、故郷の暮らしを軸に日本各地の村を見た。すると発見の角度もそれに呼応する。たとえば漫然と歩いているときには単にのどかな田園であった風景も、自分の畑と比べる目で見れば、作物の種類や出来など、具体的な意味が浮び上がってくることだろう。

## 見落とされたものに目を向ける

「世間にはあまりに見落とされていることが多い。流行を追う者は多いし、流行を追うことは容易だが、流行を背にして見おとした世界を見るのは気骨の折れることだよ」（「師を語る」『渋沢敬三』）とは、宮本常一が渋沢敬三に言われた言葉だ。

我々はつい派手なものや人気のあるものに目がつられてしまう。しかし渋沢敬三は「みんなが興味を持ち、注目しているような問題は多くの人の観察と研究によっておのずからほりさげもでき、問題解決のいとぐちも見出せてゆけるものだが、そのかげに見すごし、見落とされた多くの問題がある。それは人の気のつかぬままにいつまでも捨ておかれる。私はそういうものを手がけることに努力したい」（同）と語ったのだった。

そうした視点は宮本常一に、ひいては観文研にも共有されていた。観文研で姫田忠義に連れられて歩いた相澤韶男はこう語る。

「姫田さんが何を見るかだよ。つまんないもの見てんだよなあ（笑）。お墓とかさ。一体何だか、最初はわけわかんないのよ。ああそうか、と後でわかる。江戸時代からずうっと、お墓にもデザイン史があるんですよ。要するに、お墓から村の歴史や性格を知ろうということだったんです」

人が見向きしていないものにも、重要な物語が隠れているものだ。

## 一つに焦点を当てる

旅のテーマでは、特に何か一つを徹底的に見るのも一案である。

「たとえば、植生についてなら竹だけを見ていく、あるいは柿だけを見ていく。何十年も見続ければその土地の変化の背景が分かりますよ」（山崎禅雄）

ピンポイントに絞って集積したデータは、それだけでも圧巻だろう。

「ネパールで同行した田村善次郎さんの写真の撮り方を見てさすがだな、と思ったんですが、非常に目の詰まった撮り方をしていてね。このテーマの写真を落としてはならないとなったら、場所が変わっても必ず撮ってあるの。たとえば川沿いを歩いてると、橋の写真は全部撮ってある。ぼくらでも目立つものは撮るけど、ちょっと顔を振ると見落としてしまう。それが間違いなく撮ってある。いやあ、勉強させてもらった」（西山昭宣）

単焦点で見続けることから、独特の発見も生まれるかもしれない。

## 車窓から眺める

宮本善十郎は十ヶ条の一つ目に挙げたように、「汽車へ乗ってもうかうか乗ってはいけない」（『旅にまなぶ』）と常一に語った。車窓の風景や人の乗り降りから分かることがある、というこの教えもまた、観文研に伝授されていた。

「乗り物に乗ったら、バスならバス、列車なら列車のスピードで見えるものがあります。新幹線で東海道を何往復もしてスケッチしたこともありました。窓にへばりついて、たとえば広島の西条盆地の赤瓦を窓から見て、なぜ山陽道のここだけが赤い瓦なのかと思ったら降りてみる。だから新幹線でもおち寝ていられない、宮本先生と出会ったことの不幸です（笑）」（山崎禅雄）

伊藤幸司は、初めての町ではどれでもいいからバスに乗ってみるよう勧める。

「市内バスと観光バスは走る道すじがちがう。市民の生活ルートをたどるのが市内バスである。生活路線だから、市内循環であれ郊外の住宅地へ向かうものであれ、ルートには必然があると考えられる。その町に住む人びとの立場になって町を見ようとする心がまえが、観光バスとはちがうものを見せてくれる。乗り降りする人びとのようすをまぢかに見ながら車窓の光景を追っていくと、走るにつれて街区がはっきり変わるのがわかる」（伊藤幸司『旅の目カメラの目』）

終点までたどってみると、町の大きさの見当がつき、土地勘がつくという。

車窓の旅は、どこでも応用できそうな見方の一つだ。

## 描く

対象を細部まで見るには、図やスケッチを「描く」という方法がある。

その点、絵を描く武蔵野美大の卒業生たちは、観察力にすぐれていた。

「民具研究は美大の学生に向いていましたね。スケッチにしろ測量図にしろ、ものを見る力がありますから。宮本先生もそれで武蔵野美大で物質文化研究を中心にしたとおっしゃっていました。一つの図面に二日でも三日でもかけられるくらい、非常に細かく描けるだけの眼がある」（田村善次郎）

武蔵野美大出身で、石塔の綿密な測量図を描いてきた印南敏秀は振り返る。

「数値化して細部をきちんと描くことは、すべてを確認しながらものを見ていく、考えていく、ひとつの訓練だったんじゃないかな。ディテールと全体をつねに見比べながらモノを理解していく訓練を脇目もふらずできたことは、今となってみれば良かったという気がしますね」

こうした図の作成は、本人の観察訓練と資料の公共的価値が一挙両得となる。

相澤韶男は母校の武蔵野美大で、学生とともにアイヌの全民具を作図した。

「アイヌウタリ協会の会長さんが、この図面があることで先祖がつくってきたものをまたつくれるんだよ、先人たちの伝承のもとなんだ、って言うわけ。これはアイヌ文化を伝承する設計図なんだ、と。いやあ嬉しかったよ、あれは」

その『アイヌの民具実測図集』は数十年を経て、人気漫画『ゴールデンカムイ』でも参考文献とされている。若い世代のアイヌ文化理解にも役立っているようだ。

旅を描くにはイラストでの表現も魅力的だが、たとえ絵心がなくとも、測量図であれば「美術ではなく数学。義務教育の知識で可能」（相澤韶男）だという。

## きく

「あるく」と「みる」は一人でも完結できる。宮本流の旅学で最も高度な技は「きく」、すなわち他者との関わりにあるだろう。「きく」とは、端的に言えば旅先の人と親しくなることである。さらには、その土地や興味のあるテーマについて教えてもらうことである。

しかし見ず知らずの土地でいきなり誰に何をどう聞けばよいものだろうか。

### 話しかける

家族や友人と連れ立っていく旅行では、仲間内で会話を楽しむのが大半だろう。しかし一人旅で頼る人がいなければ、行った先で誰かしらを摑まえて話しかける必要が起こる。また、テーマがある旅では、知りたいことを教えてもらわなければならない。宮本常一は慣れたもので、次のように語っていたという。

「通りすがりの人に話しを聞くには、きっかけをつくらなければいけないが、これには簡単な方法がある。お天気なら『お天気でよろしゅうございます』と、野良仕事をしている人には『ご苦労さまでございます』とまず声をかけることだ。もっといいのは、そのときに、手に何かを持っていることだ。たとえば、その辺りの野花を手にして『この花は何という名でしょうか』とたずねればよい。そして、もしこの問いに相手が答えてくれれば成功だ。話は必らずそこから展開してく。要は、このように話のきっかけをつくることがたいせつなのだ」
（多喜忠雄「宮本先生と人材育成の技法」『同時代の証言』）

カメラもきっかけ作りに役立つ。携帯電話で誰でも写真を撮れる現代でも、腕の良い写真は喜ばれるものだ。写真家の須藤功は「村の人を撮るのはお金のためじゃなくて、打ち解けるきっかけを作ってるの」と言う。

「知らない人に話しかけるのは勇気がいるよね。僕はそういうのけっこう平気でね。今かよってる九州の椎葉では、最初に子どもに出会ってね、子どもの写真を撮って送ってあげると、お母さんが、ああ写真撮ってくれた人だと言って、すぐ親しくなる。そういうふうにして一人、二人と増えていくと、あの写真撮った人だ、じゃあ焼酎飲む？　と誘われて（笑）」

あるいは、楽器やボールなどの遊び道具を用いる方法もある。丸山純はパキスタンのカラーシャの村で、子どもたちにペンとノートを渡した。

「子どもたちは日本製の無地のノートとぺんてるのサインペンを気に入っていて、預けると帰国するまでに絵を描いてくれる。間に合わないときは次に来るときまで置いておきます。大人も描いてくれます」

そうして交流を深めることができ、描かれた文様や動物からは世界観を伺えたという。

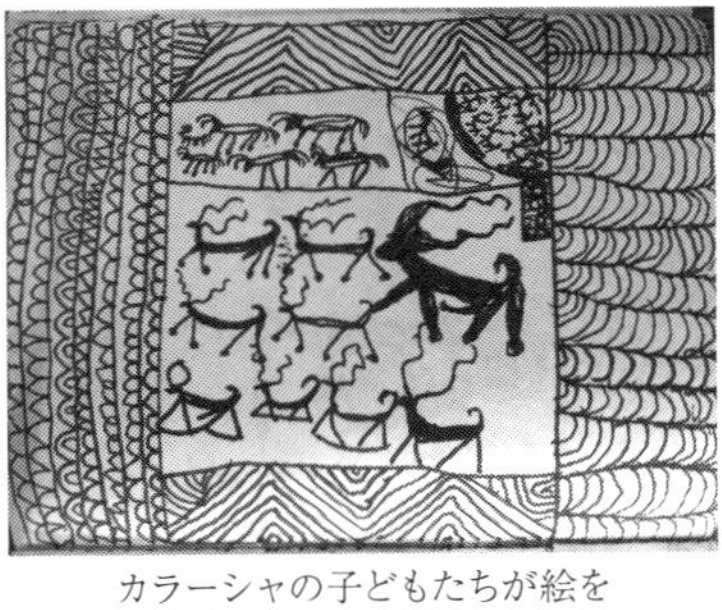

カラーシャの子どもたちが絵を
描いたノート（1983年）

## 傾聴する

関心テーマについてじっくり話を聴くにはどうすればよいだろうか。

宮本常一の聴き取りの見事さは伝説化している。

「太鼓の胴彫職人のところに行ったときだった。宮本先生はいきなり、『わしゃのう、この南会津の太鼓を恋人のように思っとったんじゃ！　とにかく会いとうて会いとうて、今日初めてやってきたんじゃあ！』って。そしたら相手も、太鼓見たのか、って顔をくしゃくしゃにして喜んでくれて。もう警戒感も何もないわけよ。聞くんじゃなくて、話させちゃうっていう境地を教わった。そりゃあ相当経験がないとできないよ」（相澤韶男）

また、自分の都合で質問攻めにしたのでは、相手を困らせてしまう。高圧的な取り調べをする学者の態度に「あれでは人文科学ではなくて尋問科学だ」という地元民もいたという（『旅にまなぶ』）。

宮本常一の場合は、「だから話を聞く時も「一つ教えて下さい。この土地のことについては（あるいはこの事柄については）私は全く素人なのですから、小学生に話すようなつもりで教えて下さい」と言って話を聞くのが普通であった」（『民俗学の旅』）という。

こうした聴き方は、観文研に出入りする人々皆が心に留めていた。

「話を聞くからには聞き上手に徹して、質問の言葉数をできるだけ少なく、相手により多くを語ってもらうのがよい、と先生は諭していた」（神崎宣武『あるくみるきく』二四〇号）

「人に出会って話をこういうふうに聞けばいいのかと思ったけど、姫田（忠義）さんの突っ込み方ね、

とにかくうなずくことが多いんだよ。はあ、はあ、って、聞き上手にまわって」（相澤韶男）

「最初の頃は自分の傲慢さから、俺が、俺が、という思いが強かった。でも宮本先生の話を聞くにしたがって、やっぱり旅するっていうのは、自分を消さなきゃだめだと思いましたね。もう空気のようになると。相手の皆さんの中に入り込んだときは、いるかいないか分かんないような人間になると」（賀曽利隆）

会話を介助するのは単純な質問だ。

「大家には幼稚な質問をするといい。すると、やさしいたとえ話で正確に答えてくれますよ」（山崎禅雄）

聞き上手ですごいのはタレントのタモリだ、という意見もある。

「テレビの『笑っていいとも』でやっていたタモリのテレホンショッキングは、大学で教材に使ったくらいで。タモリさんは『いつ、どこで、誰が、どのように』それだけを落とさないで、その人がまだ話してないことを質問する。『それいつのことですか？』『誰がやったんですか？』合いの手入れるだけでどんどん話が続いていくから」（相澤韶男）

ＡＭＫＡＳに来ていたドキュメンタリー監督の山田和也は、仕事の経験からインタビューを次のように心得ているという。

「まず、相手が知ってほしいことを聞くこと。相手には話したいことがあるから、それを聞き続けていれば、やがて言いにくいことも語ってくれるようになります。いきなり核心を突くことは、何のインタビューにもなっていない。これを質問した、という自己満足に陥らないようにしています。

それから、生きざまを表すような『なぜ』を聴きます。苦しみを一度分かち合うことが大事で、そうして聞いていると、カメラ持つのをやめようかと思うこともある。一〇分の電話のつもりが四時間話し込むこともあるし、一時間の面談の予定が二晩になることもある。一期一会でね」

最も必要なのは、どんな話術よりも、相手に対する敬意と共感なのだろう。

## 言語

外国に行くと直面するのが、言葉の壁である。人と出会って語り合ったり、謎を発見しようとする旅では、言葉はできるに越したことはない。

たとえばマダガスカルを訪ねた近山雅人は、日本とよく似た当地の食事や家屋、家族観や宗教観に興味を持っていたが、悔しさをこう綴っている。

「こんな雰囲気の国ですから、とても過ごしやすいのですが、困ったことに、僕にとっては言葉の問題がつきまといます。国語はマレー語系のマダガスカル語。そして旧宗主国のフランス語が公用語として使われています。そのどちらの言葉も僕は不得手です。もっと自由に喋れたら……。

「あるく　みる　きく」でいうのならば、やたらに歩きましたし、いろいろ見ることもできました。ところが「きく」ことができないのです。四年前はマダガスカルについてほとんど何も知らずに飛び込んだので、「みる」ことに満足したのか、それほど言葉に不自由は感じなかったのですが、今回は聞きたいこと、知りたいことが山ほど増えました。逆に質問されることも多いのですが、返答できないのです」

（『あるくみるきく』二二五号）

旅が深まるほどに、地元の言葉は必要となってくる。

単語一つ知らないまま少数民族カラーシャの村を訪ねた丸山純が、ノートに次々と単語を書き留めて覚え、一ヶ月後に会話を聞き取れるようになっていったいきさつは、第二章で述べたとおりだ。

「やっぱり自分で言葉をやらなきゃその土地のことは分からない。耳で聞いたものは頭に残っていますから、それが心に響くと覚えられます」（丸山純）

本気になれば独学できる、という希望の例である。そこまではなかなか到達できないとしても、挨拶や簡単なやり取り程度は覚えたいものだ。その姿勢があるかないかで、言外のコミュニケーションの印象も変わってくるだろう。

## 読む

旅と読書は両輪だ。本を読んで受けた感動が旅の動機となる。そして旅に出れば知りたいことが増え、また本を読む。本が旅を呼び、旅が本を呼ぶのだ。

宮本常一をはじめ観文研の旅人たちは読書家である。

「宮本先生は、歩け、歩かないんだったら本を読めと言ってましたからね」（神崎宣武）

旅人たちは、何をどのように読んだのだろうか。

### 教養として読む

宮本常一は万葉集を愛読した。万葉集には孤独な旅の歌がよく詠まれている。常一は「ほんとうの旅は万葉人の心を持つことによって得られるものではないか」（『民俗学の旅』）と述べ、自分でも和歌をつくった。文学的な感性の土壌となったといえる。また、クロポトキンの『相互扶助論』にも影響を受けていた。そこから得た社会的視点が旅での見方につながっているのだろう。

観文研の人々の読書歴には歴史や文学をはじめ、社会派小説や、本多勝一、今西錦司、梅棹忠夫、川喜田二郎、スウェン・ヘディンなどの探検記、マーク・トウェインなどの冒険物語もよく挙げられる。また、手近にある本は片端から読み、名著にはひととおり触れている模様だ。たとえば、山崎禅雄は次のように語る。

「高校時代に肺を病んで休学したんです。ありがたいことに勉強してはいけないと言われて（笑）、とにかく文庫本を読みました。それから平凡社の『世界の歴史』シリーズを読み始めた。歴史に興味が湧いて、大学で東洋史を専攻しました。

学生時代は仲間と高田馬場の名曲喫茶『あらえびす』に入り浸ってね、モーニングサービスのコーヒーで一日ねばって、モーツァルトのレコードをできるかぎり聴くとか、そんなことをしていました。小林秀雄の『モオツァルト』を解明してやろうという気持ちでね。

全学連の時代でしたから、マルクス、レーニンは常識、必読書です。飲み屋で大激論もしたものですよ。トルストイやドストエフスキー、モーパッサンなどは高校から大学で読むものでした。思えば当時の学生は文学的教養の基礎があったんでしょうね」

読書の土台が各々の旅のテーマをかたちづくる。観文研の若者たちが旅で何かを感じ取り、問いを抱いたのも、こうした読書で培われた教養による力が大きいだろう。

## 資料を調べる

旅先について調べたり、旅先での疑問を確かめたりするには、文献の参照も必要だ。

宮本流では、行く前よりも、旅の後で文献にあたることが多いようだ。宮本常一は「私はある時期に民俗誌などできるだけあさって読んで現地へ出かけていったことがあった。しかしその読んで得たイメージと現地で私の見たものとの差がありすぎるので、以後読んでいくことはやめた。そして帰って来てからよむことにした」(「日本民俗学の目的と方法」『民俗学への道』)という。

とはいえ、本格的な民俗調査の場合は、あらかじめ資料の所蔵場所を調べたり、役場の協力を要請したりする準備が必要だった。「現地調査の前に、地形図から植生や旧道などのさまざまな情報を読みとった」(印南敏秀「宮本常一と愛知」『愛知県史研究』一七号)ともいう。

使用する文献の種類は専門書、地図、古文書などだ。それらは地元の識者や役場などに頼んで見せてもらうこともある。地域に関する本は「旅先の本屋で買う」(須藤功)という方法もある。

## 写真を読む

観文研では「写真を読む」という会を開催していた。観文研の誰かが旅先で撮ってきた写真を不作為に拾い上げ、どこで撮った写真かを当てるゲームだ。

「僕はあれをやったときに、ほんとに感動した。写真を配ってわずか三十秒で、何県何郡何村の右っ肩の家、とまで具体的に当てられてしまう」(田口洋美)

たとえば、どこかの堤防の写真を見せれば「これは水面から二メートルしか上がってない、こんな低いのは内水面だよ、湖だ、しかも船に書いてあるSGは滋賀じゃないか」と森本孝が瞬時に見抜く。ある村の風景写真を見せれば谷沢明が「このような竹で編んだ網代の壁が現存しているところは湖北しかありませんね? 集落の一番上からこの下の家を見るとこれは豪雪地帯ですから、そして植林がありますから、これは吉野ですか?」といった調子で分析する。

見る訓練の賜物である。写真の細部から最大限の情報を読み取ってしまう。

「先輩たちのあの凄さはやっぱりそこにいないと分からない。今こうやって喋っていてもどこまで伝えられるか……」田口洋美は「おそるべし」となる。

「ただ、みんなも言ってたけど、一人だとどこまで分かったかな。やっぱり会話しているうちに分かる」

「写真を読む」会は、読書会のように、互いに意見や推理を話し合うことで効果が上がるようだ。

# 記録する

## ノートを取る

旅を一種の学校と考えれば、ノートを取ることは重要である。

記録には二種類ある。一つは、気になったことや感じたことの主観的な覚え書きや日記である。もう一つは、客観的な資料となる図や手順、聴き取りなどである。後者はフィールドノートとも呼ばれる。

メモ魔だった宮本常一は、これらを一冊のノートで分けずに書いていった。「一つ一つの物を、まず自分の心の中で何かハッと思うようなことがあった場合に、それを心にとめておくこと、これは私はノートへ書きとめておくだけでたくさんだと思います。一行、二行の〝書きとめ〟でも、そういうカードがたくさんたまっていきますと、そのうちにその中から何かを教えられるようになってくる、その中に発見があるのではないだろうかと考えます」（『旅にまなぶ』）という。

宮本常一の場合、一ヶ月以上の旅ならば、大学ノート一〇冊から二〇冊を使った。ほかにもA６のノートや、B６の原稿用紙、束ねた裏紙、小さなカードなどなんでも使用している。内容は、民俗調査の聴き書き、スケッチ、民具や植物の名前、日記、雑感、旅の途中で浮かんだ和歌などだ。なにげない散策の折にも見聞を書き留めている。

パキスタンでカラーシャ語を独学した丸山純のノートは、カラフルだ。

「四色ボールペンを使って、現地でのカラーシャ語のメモは緑で書いてます。後でちょっと余裕ができたときにそれを書き直す。ふつうのフィールドノートは日本語で、黒で書いて、赤と青でそれを分かりやすくする感じです。ノートはA5サイズを使っています。これだと、ベストのポケットにつっこめるので。B5だとちょっと大きいんですね。ほんとは方眼ノートがいいんですけど、なかなか売ってないんですよね。ノートの後ろのほうは単語帳です。英語とカラーシャ語を併記しています」（丸山純）

丸山は、PCを使い始めてからは、現場ではフィールドノートを手書きにし、宿に帰ってから日記などをPCで打ち込んでいる。

写真家の須藤功は、旅の間は写真に専念し、筆記は必要最低限にするという。

「もちろん手帳のようなものは持って歩いていますよ。日記はつけないけど、帰ってからメモはつけてます。感想文のようなことは一切書かないで、どこへ行って誰々に会ったとか、天気くらいの、簡単なメモなんですけどね。でも、何十年も前の天気のメモから今年の祭りの日の天気が分かるとか、面白い気付きもあり

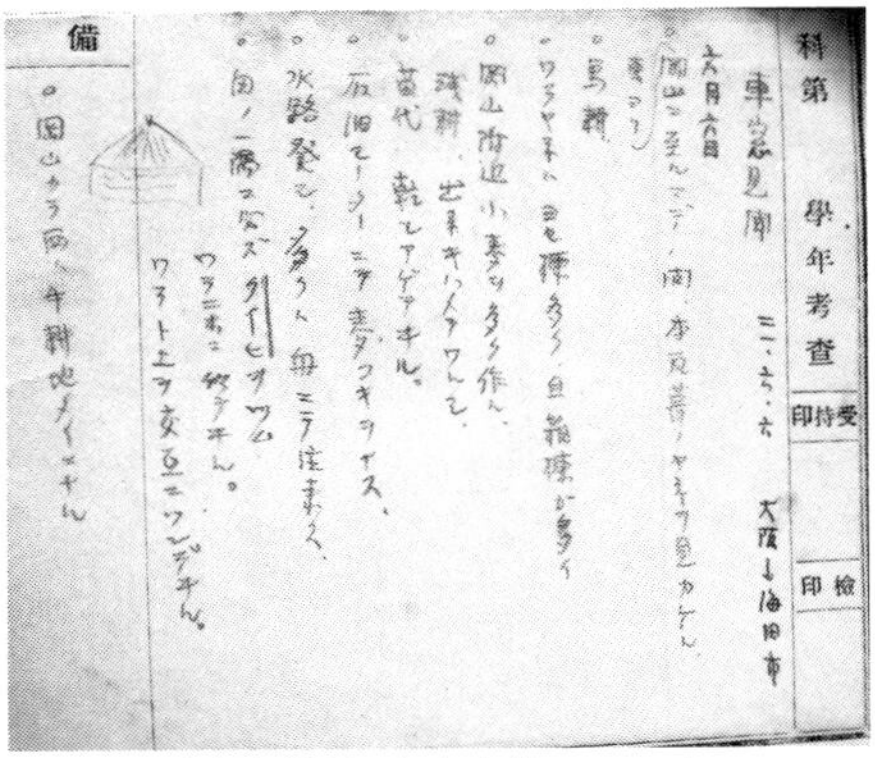


裏紙を使用した宮本常一のノート

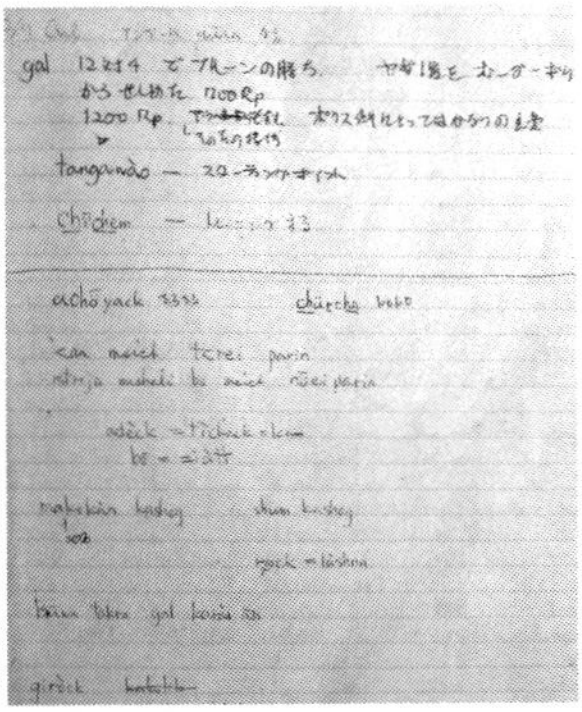

単語を書き留めた丸山純のノート
（1983年）

ました。

あとは、写真でのメモを撮ります。案内板や、公園の看板、道標やそこに書いてある文字とかは、一応必ず撮ってますね」（須藤功）

ドキュメンタリー監督として取材を重ねる山田和也は次のように語る。

「頭がよければノートを取らなくてもいいんだよ。僕は取るほう。インタビューのときは、相手にノートを見せながら書くようにしています。こちらの秘密にするんじゃなくて、相手と自分の間にノートを見えるように置きながら、名前とか『これでいいですか』と一緒に確認しながら、時には相手に書いてもらいます。だから僕のノートには相手に書いてもらった字も多い。

使っているフィールドノートは、コクヨの『測量野帳』です。表紙が硬いので立って書くときちょうどいいのと、方眼が入っているので間取り図とか書くときに便利なんです。薄いので二冊くらい持ち歩いています。取材のフィールドノートはお金より大事なもの。絶対に置き忘れたり失くしたりしてはいけないけど、これはポケットに入る大きさなので置き忘れません」

## 写真を撮る

カメラは、自分が何をどう見たか、という証拠を写す。

観文研では宮本常一に倣い、自己表現としての芸術作品よりも、対象を正確に捉えた記録写真を撮ろうとした。絵として映える構図や色彩に凝るのではなく、なるべく演出のない写真である。にもかかわらず、村の子どもたちや働く人や里の風景などの素朴な写真には、ハッとするほど美しく胸に迫る力がある。

お手本は、一九五〇年代に名取洋之助が編集したドキュメンタリー写真のシリーズ本、岩波写真文庫だったという。

「名取洋之助は日本の最初の報道写真家ですよね。だけども、えらぶらない人。岩波写真文庫を通じて育った写真家が多いんですね」（須藤功）

「岩波写真文庫はすごい本でしたねえ。これをそのまま真似したって意味ないんでね、真似るは学ぶの意味ですから、その写真から学んだものを自分の撮り方に援用しましょう、という指示が宮本先生からありました」（伊藤碩男）

観文研で指導することがあった写真家の園部澄も、名取洋之助に影響を受けた一人だ。宮本常一と園部澄は「お互いに評価しあい、共感しあっていた」（宮本千晴）関係だという。

「観文研には、園部さんや、姉崎一馬さんとか、内藤正敏さんとか、とても素敵な写真家たちが出入りしていました。そういう人にくっついて歩く機会もあったのは貴重でしたね」（田口洋美）

観文研に蓄積された写真の撮り方は、次のようなものだ。

**〈メモとして撮る〉**

宮本常一は「あっと思ったら写せ、おやっと思ったら写せ」（香月洋一郎『フィールドに吹く風』）と言い、気になるものがあるとすぐシャッターを押した。「あっ」と思った瞬間を逃さない反射神経が求められた。宮本千晴によると、「父はオリンパスのペンという機種を好んで使っていました。ペンの圧倒的な強みは、片手にぶら下げておいて、握るとすぐシャッターが押せた。速写性にすぐれたカメラだったんですね」とのことだ。

当時はすべてフィルムカメラであり、宮本常一はメモとして撮りためた膨大な数の写真を現像せずに、ネガのままで確かめたという。今ならデジタルカメラやスマートフォンでたくさん撮って見ることができるため、実際メモとして写真を撮る人は多いが、そうした撮り方を先取りしていたといえる。

また、若者たちは、知っているものより分からないものを撮れ、と教わった。

「分からなかったら後で調べろってことよね。それで、勉強せざるを得ない（笑）」（須藤功）

とにかく「そのほか何でも気のついたことは写真にとっておくと、その場ではそれがどんな役にたつともわからないが、その後同じようなことに気をつけて見るようになる。そうしたことが視野をひろげていく役割をはたしてくれ、いろいろの角度から物を見る訓練になってくる」（『旅にまなぶ』）という。

**〈引いて撮る〉**

「姫田忠義さんに同行して何度も言われたことは、引いて撮れ！ 全体を撮れ！ と。最初に広角で撮れという意味です。それから寄って撮れ、と徹底的に矯正された。まず全体を見るんだ、と教わりました」（相澤韶男）

全体を撮ることで、意識していなかった部分や背景まで写り込む。全体とは、画角だけの話ではない。宮本常一は「読める写真」を撮れと促した。読める写真とは、物理的にも、社会的にも、広い視野で見渡した写真だ。

「宮本先生に言われたのは、たとえば祭りの写真を撮るのはいいけど祭りだけ撮ってもなんにもだめだよ、と。背景の、人を撮れと。要するに、祭りを支えている社会生活を撮らなきゃだめだよ、と」（須藤功）

読める写真であれば、後で見返したときにも発見があるという。

**〈量を撮る〉**

「初めて観文研で写真を撮るとき、一日にフィルム二〇本は撮れって言われたんですよ。七二〇コマでしょ。それだけものを見るのは、大変なことなんです。一日八時間歩きまわっても七二〇コマなんてね、お祭りでもありゃ撮るかもしれないけど、観文研で歩く町なんてのはごくあたりまえの町じゃない。どうやって撮る？　たくさん撮るのは、観文研ではいつも言われていることで、千晴さんにもしごかれてましたよ」（西山昭宣）

同じ対象を何枚も撮るのではなく、七二〇枚すべて違うものを写すのである。

観文研で写真の編集をしてきた伊藤幸司には、「量は質を凌駕する」との持論がある。写真にしろ文章にしろ、たとえ下手でも圧倒的な量があれば、質を問わず価値がある、という。

「たくさん撮るっていうのは気持ちがいい。それだけ心が動く何かがあったということですから。大事なのは、なぜシャッターを切ったか、なんです。撮ったときにどう感じたか、何が気になったか、それを宣言できるのであれば、写真として成立すると僕は思っている。だから、自分の撮った写真に対して自分の文章をつけてワンセットにすることが、すごく大事なんです。

うまく撮れているかどうかは次の問題です。見た目の良さで、絵葉書のような、っていう褒め方があるけど、それってパターンにはまっているだけかもしれない。どうしても語りたかったことが写っていれば、写真の良し悪しにかかわらず、自分にとって意味のある写真になります。失敗作も含めて一枚一枚、一〇秒ずつ見ていくと、ドラマが動き出す写真がある。写っているものにそういう力があるかどうかなんです」

伊藤幸司の著書『旅の目 カメラの目』には他にも旅と写真の知恵が詰まっており、時代を超える教科書のような一冊となっている。

何を撮るにしろ、観文研における考えでは、絵や技術が「巧い」写真が必ずしも「良い」写真ではなかった。できるだけ多くの写真を撮ろうという指南は、できるだけ多くを発見してやろう、と意識する眼を養う意味があった。

**〈人物を撮る〉**

人の撮影は気を使うものだ。個人により文化により状況により、撮られることを好む人もいれば好まない人もいる。撮影の際は一言了承を得たい。

「歩いてくる人なんかでも、撮ってからね、あ、撮ったよ！　って言うのね。写真送ってもいいよ！　って。そうすると向こうもニコニコする」（須藤功）

声かけや合図の間合いも腕の内のようだ。

宮本常一による人物写真は、声をかけて撮ったらしい正面からの肖像と、はるか遠くからの背景の一部のような写し方である。

ちなみに、宮本常一にしても観文研の旅人たちにしても、自分自身を撮った写真は意外なほど少ない。視線はいつも旅先の相手に向けられていたからだ。

観文研を経て、愛知淑徳大学で民俗学のゼミを持った谷沢明は笑う。

「学生に言うんですよ、ピースして自分たちを撮ってばかりいないで、できるだけ地元の人と撮りなさいよと。そうやって地域の方を撮りつつ仲間に入っていく考え方にも、観文研流が活きていますね」

なお、撮影に必死になって直に対象をよく見ていなかった、という本末転倒は起きがちだ。「写真を撮らないほうが記憶に残る」（山崎禅雄）という意見もある。

## 音声を録る

観文研が活動していた頃は、まだ今のように気軽に動画を録る機材も習慣もなかった。しかし、テープレコーダーを持って行くことはあった。

いつもテープレコーダーを携えて歩いた、村山道宣の音の旅を紹介しよう。

## 〈祈りの音をたどる旅〉

村山道宣は、学芸大学教育学部音楽科に在学中の一九六六年の夏、一枚のレコードを聴いてから、「琵琶狂い」となった。「琵琶楽大系」と題するそのレコードから流れたのは、地神盲僧の北田明澄が琵琶とともに誦する、地神経、観音経である。地神盲僧とは、荒神、地神等の祭祀を執り行ない、そこで経を誦する宗教者だ。民族音楽学者の小泉文夫による集中講義で、日本の伝統音楽の一つとして紹介されたものだった。

村山はそのときの衝撃を次のように綴っている。

「それを聴いたとき、私は耳新しい、その余りにも特異な音の世界に驚き、体中が湧き立つ様な感動を覚えた。寂びの効いた、長年の檀家廻りで鍛え抜かれた腰の座った音声が、淡々と経文を読誦していく。何とはなしに懐かしく、有難さや安らぎを感じさせる不思議な音声とそのリズムは、やがて甲高い艶やかな、聞いていると自然と踊り出したくなるような、陽気な琵琶の調べを引き出して来る」(『あるくみるきく』一三五号)。

後の人生を決定づけるほど、「遠く西方浄土に誘うかの様な」音の世界に「心底痺れてしまった」(同)という。

北田明澄は福岡県北九州市小倉の僧だった。村山は、すでに鬼籍に入られていた北田明澄が生きた土地にどうしても行ってみたくなり、翌年、小倉を訪ねた。それを発端に、実に八十ヶ所以上の盲僧院坊を巡り始める。地神盲僧の生き様や伝承を探り、琵琶の奏法を教わるためだ。当時、九州・中国地方では、わずかながら地神盲僧が現役で活動していた。村山は盲僧琵琶の音色に導かれて、五島列島や壱岐、対馬、生月、平戸、天草などの島々にも渡った。

「日本には能や歌舞伎、琴、三味線であるとか、非常に洗練された伝統音楽の世界がいろいろあります。でもなんで、民間の行者さんが演奏する琵琶の音や経文を誦み上げる声にそんなに心を動かされたのか。それを確かめるための旅をずっとしてたんじゃないかな。なぜ心が、体が、震えるほどの感動があったんだろう、と。

不思議なのはね、僕の家は両親ともクリスチャンなんですよ。僕は子どもの頃からオルガンで賛美歌の伴奏をしていたし、ピアノを習っていました。だからどちらかというと、洋楽が流れているような生活環境だったんです」

洋の東西の違いはあれど、幼少から培われた宗教的な感受性が共鳴したのだろうか。

また、育った町には昔ながらの節まわしが溢れていたという。

「僕の小さい頃はテレビがない時代でしたから、町では職人さんが鼻歌うたいながら仕事してたり、紙芝居屋さんが来て拍子木を打って紙芝居をしたり。そういう古くからの民間芸能の伝統が巷にあって、知らず知らずのうちに、僕の感性の中に入り込んでいたんでしょうねえ。それで、行者さんの声や太棹三味線を思わせる琵琶の音の世界に、感動してしまったんじゃないかなあ」

さらには宗教者や芸人同士の関係を追って、「語り物」を語る琵琶弾き、三味線で門付けをする瞽女《ごぜ》、楽器職人、あるいは山伏や巫女、イタコと称されるような人々を探し、全国を訪ね歩いた。

「最初はそんなに知識はなかったけれど、歩いていく中で勉強して、さまざまな疑問が出てきて。興味の対象もどんどん広がってしまったというわけです」

旅はおのずと、定住して田畑を耕す一般の「常民」とは異なる、芸や呪術的な技を手にし職を為す、芸人や宗教者等の「非常民」に向かうことになる。しかし近代化の中で、民間の信仰や芸能は急速に失われつつあった。そこで、これはと思う人に会っては伝承を聴き書きし、できるだけ良い音で祈祷や芸を録音していった。一九七六年から一九八〇年にかけてはほぼ毎月各地に出かけた。長いと二週間から三週間に及ぶ一人旅だ。しかし寂しいと思ったことはないという。帰ってくると一〇日ばかりは使い物にならないほど、精魂を注いでいた。

村山道宣氏（2016年）

「なにしろもう風前のともしびで、伝承者もわずかになって、いつ途絶えてもおかしくないような時期に入っていましたから。できるだけ急いで、ナマの音の記録を残さなきゃいけないという使命感がありましたね。難しいことを考えるよりも、まず残さなければ、何もなくなってしまう。音楽というものはいくら言葉で説明してもよく分からないですから、録音するしかない。今にも途絶えようとしている伝承をいかに残すかという思いは、強くありました。二十代から三十歳過ぎ、まあ若かったですからね、体力も気力もあった」

◇

村山にとって、音の記録は、旅の目的だった。村山のもとにはこのようにして録り溜めた、今では貴重な民俗の音が多数残されている。

## 発表する

「またどんなに調査してみても、それを整理し発表することがなければそれは私自身が面白がるだけで何の役にもたたないことだと思っている」（『旅にまなぶ』）と宮本常一は意識していた。

旅の学びはインプットした知見をアウトプットすることで完成する。それにより得たものが腑に落ち、自分や社会のために活用できるようになるのだ。

情報を整理し、発表するにはどのような方法があるだろうか。

### 書く

観文研では機関誌『あるくみるきく』に記事を書くことで、旅の成果を公表した。

たとえば各地の古い石塔を調べ歩いてきた印南敏秀は、旅の初めてのアウトプットとなる「石塔入門記」を『あるくみるきく』に寄せて書き上げたことを、こう語る。

「一番基本は、まとめきる、ということでして、非常に重要ですよね。最初は、金はないし、自分の知識なんてほんとに小さなもので、調査としては点みたいなことをやっていたわけですが、それでも点は点なりにペーパーとしてまとめきることが重要なんですね。

その訓練の場が、観文研であり、私にとって『石塔入門記』であったと思うんです。本当に石塔というものが分からない人間が、分からないなりにいろいろ歩いて、試行錯誤して、日本を代表する石塔研究家に弟子入りしながら、自分なりの石塔の見方を身につけていく、そういう過程を書いたものです。まったく知らないところから入っていった手の内を明かしている」(印南敏秀)

それは印南敏秀にとって修士論文をまとめたような位置づけだったという。

印南敏秀氏(2014年)

とはいえ、『あるくみるきく』では正式な論文のような体裁にとらわれず、誰にでも分かりやすい文章で伝えようと努力されていた。

「私は写真を撮っていましたが、写真だけじゃなくて、自分の考えを伝えたかったら文章を書けるようにならなきゃだめだよ、と宮本先生に言われました。文章は、先生に『学者に向かっては書くな』ときびしく言われてね。だから民俗学会や民具学会にも一応入ってますけど、論文は書いたことない」(須藤功)

学者に向かって書くな、とは宮本常一自身が渋沢敬三から言われたことだ。

「宮本先生の著書を妻のお母さんにあげると、『ここには私でも分かることが書いてある。この先生のどこがえらいのか』と不思議そうに言われました。これは褒め言葉ですよ」(山崎禅雄)

難解な専門用語を使わず、日常の言葉で語られる文章は、民衆による民衆のための発表だったといえる。山崎禅雄は、宮本常一の文章は学問というより文藝だ、とも評する。

「私は歴史学専攻でしたから、宮本先生のように人の話を聞き書きする、つまり文献の証拠がないものを、学問として扱う感覚はありませんでした。それでも宮本先生のもとにいたのは、文章の味、文学作品としての魅力を感じたからです。ほれぼれとする一文で魅せる。表現の中に語りたいことの真実がある。論文として書かれても味も素っ気もないでしょう。しかし、「百姓というものはそのわるい牛をちゃんとええ牛にしておる」(「土佐源氏」『忘れられた日本人』)という一言からは、証明が難しい何かが読み手に伝わり、牛を売り歩く博労《ばくろう》の世界が浮かび上がってきますよね。

宮本先生が旅をして書く文章は、写生ともいえます。実を写す『写実』というより『生《なま》』を記録に残す。その点、正岡子規に影響されていたのではないか、ともひそかに思っています。写生は子規に始まる近代俳句の要で、それは高浜虚子などの門人だけではなく、同時代の文人たちに大きく影響した考え方ではなかっただろうか」

見たこと感じたことを写生のごとくありのままに、かつ誰にでも分かりやすく書くことは、体験の消化と共有を意味し得る。

なお、こうして書かれた『あるくみるきく』の記事を元に、単行本が出版された例も数ある。向後元彦の『緑の冒険』もその一つだ。

「たとえ少しずつでも、何か発表するのが大事なことだね」(向後元彦)

昨今ではブログやSNSなど、書いて発表する場や出版の機会はより身近で幅広くなっているだろう。

## 写真や映像にする

写真や映像を中心にまとめる方法もある。

たとえば伊藤幸司は、観文研を卒業後、主宰する山歩き教室で「発見写真旅」を実施してきた。これは山歩きの最中にできるだけ多くの写真を撮り、なぜその写真を撮ったのか、一枚一枚にできるだけ長い説明のキャプションをつけて、旅の作品とする企画である。作品は教室のウェブサイトに掲載される。

映像で発表を続けてきたのは、民族文化映像研究所だ。

姫田忠義、小泉修吉、伊藤碩男の三名が創設した民映研は、日本の基層文化を探り、映像で記録するという趣旨で活動してきた。観文研とは互いに交流があり、民映研の第一作「山に生きるまつり」は宮本常一が監修している。民映研の撮影は仕込みなし、シナリオなし、「自分の足で歩き体で体験して人々に出会った感動」（小泉修吉『民族文化映像研究所』）を出発点に、音楽などの演出を極力排した記録映画だ。いずれも見るたびに感動と発見がある、珠玉の作品群である。

民映研では一九八一年から伊藤碩男の発案で、「アチック・フォーラム」と呼ぶ上映会を開催してきた。渋沢敬三のアチックミューゼアムにあやかった命名である。作品の上映後、居合わせた観客と伊藤碩男ら制作側が車座になって、感想などを語り合う。お茶やお菓子とともに、足をくずして、思いつくまま自由に語る。一期一会で、輪になることで、誰もが対等な立場で発言できる。

「経験談をもとにいろんな話に飛んでいく。これは宮本先生のやり方です。今日集まった人で話をしようという場がアチック・フォーラムです」（伊藤碩男）

現在では、プロに限らず、動画を撮って映像作品を手がけることは一般的になった。こうしたスタイルでの上映会の開催を参考にしたい。

## 報告会を開く

写真や資料を用意してプレゼンテーションをするのも方法の一つである。「ＡＭＫＡＳ探検学校」では、帰国後に旅の写真を用いてスライド上映会が行われた。このように旅の体験を対面で語り合えると、その場で反応がもらえたり議論ができたりして活気づく。誰かに話を聞いてもらえると、振り返りによって得たものが根付き、他者の視点によって新しいことにも気付く。

また、ＡＭＫＡＳのメンバーが関わる冒険家や探検家のネットワーク「地平線会議」では、一九七九年の創設以来、一人が二時間半に渡って旅や活動を語る報告会を毎月開催している。誰でも参加自由で、多彩な交流の場となっている。

# 第四章

# 旅学の結晶

観文研に出入りする若者たちは、旅から帰ると機関誌『あるくみるきく』に報告を書いた。この『あるくみるきく』こそは、旅を深め、考え、学びに昇華させ得た、観文研の旅学の体現といえる。

## 『あるくみるきく』の創刊

『あるくみるきく』(一九六七〜一九八八年)は、もともとは近畿日本ツーリストのPR誌として企画された雑誌である。しかしながらその実態は、はたして団体旅行を販売する会社のPRに適するのか、少々物議を呼びそうだ。誌面には広告が一切なく、ホテルやツアーの紹介もない。観光地でもない土地の生活を伝える読み物が中心である。「型にはまった旅ではなく、もっと自由にあるき、物にふれ物を見、そして静かに考えてみる機会として旅はあるのではないかという立場から、この雑誌はスタートしました」(『あるくみるきく』二〇〇号)という。

創刊には次のような背景があったと、宮本千晴は語る。

「近畿日本ツーリストから、協定旅館連盟や顧客にサービスとして配れるような冊子を作ろう、という話がありました。たぶん会社側としては、観光ガイドブックのようなイメージだったんでしょう。だけど、いいですよと言いながら親父が構想してたのは、新書のつくり方なんですよ。岩波写真文庫(名取洋之助によるドキュメンタリー写真シリーズ)を何冊か編集した経験が、下地の一つになっていたと思います。もう一つ、福永文雄という名編集者が創刊した雑誌『世界の旅・日本の旅』にも寄稿者として関わってましたから、そのイメージもあったでしょうね」

この機関誌は、近畿日本ツーリスト制作のテレビ番組「日本の詩情」の後継でもあった。「日本の詩情」は、日本各地で受け継がれる生活模様を映した、滋味深いドキュメンタリーである。番組を監修した宮本常一は、それまでテレビではほとんどヤラセが入ることに辟易としていたことから、現実に即した内容を貫いたという。

「『日本の詩情』では全作品に、嘘にならないように、地域の価値観から外れないようにという意識が強くあったと思いますね。だから機関誌でも、一人の人がじっくり観察して考えて書いた報告をベースにしようと考えたんですね」（宮本千晴）

このような所長・宮本常一の意図を汲み、全号の基本方針が立てられた。

目指したのは、「内容の充実した、資料性のあるもの」、「新しい旅の参考になるもの」、「系統だった知識と見方を与えるもの」、「ごみ箱には決して捨てさせないもの」（西山昭宣・宮本千晴『観文研二十三年のあゆみ』）である。

①旅を本当に楽しもうとする、あるいはより深い味わいの旅を求める旅客を対象とする。
②旅行者がもっと豊かな発見をし、見方を確立する手助け・手がかりを与えると同時に、旅を楽しむ人たちのツーリストによる組織化（友の会など）への販売用具とする。

③取材姿勢としてはそれぞれ筆者・カメラマンが自由な目をもった旅人として、風土をより深く見つめて各地をとらえる。
④編集方針は総花的なガイドブックをねらうのではなく、一号ごとにテーマを変える総特集形式をとり、重点的に取りあげた素材をもとに旅人の発見を語りつつ、読者の発見をうながす。ポピュラーな見せ場からその周辺に存在するものを普遍的に平明に、しかし格調高く語る新しい紀行文をつくることを、全体のスタイルとする。(『観文研二十三年のあゆみ』)

「より深い味わいの旅」「もっと豊かな発見」「格調高く語る新しい紀行文」というあたりに、この雑誌の特質が見えてくる。

一九六七年、第一号の取材先である大分県の国東《くにさき》半島を必死で歩きまわってきた伊藤碩男の案をもとに、機関誌は『あるくみるきく』と命名された。

「国東半島に、岩壁に彫った磨崖仏という仏像がたくさんある、六郷満山《ろくごうまんざん》というところがあります。宮本先生が、ここやってみようやとおっしゃったんですよ。石の文化を見るためということで、どういうところだろうと思いながら、姫田忠義と二人で、六郷を全部まわってきました。

山をね。バスの時間をはかりながら、山へ上がって、また下りてきて、バスに乗って、午後からまたその隣の山に上がって、磨崖仏を見て。もうとにかく歩きまわったですね。歩いて見て、歩いて見て。山登りって僕、得意じゃないしねえ。とにかく、歩いたんですよ。靴もね、登山靴じゃなくて普通の靴だったから、足が痛くてねえ、まいったですよ。

まあ、もともと旅好きでしたよ。ただし無銭旅行ではなくて、人の金で行く旅が大好きでね、要するに、キャメラマンの仕事で行ったロケーションですよ。夜は自由時間で、スタッフで酒を飲む。料亭行ったりさ、企業ですから、お客様扱いされるわけ。今までのそういう旅では、スタッフが大勢いて、歩きまわるなんてことはそんなにしないですよ。行った点で、仕事をするわけですからね。

で、国東半島もそういうもんだと思ってたんですよ。と、こ、ろ、が……、歩く歩く（笑）。今で言えば、トレッキングみたいなもんですよ。

予想外でした。でも面白かったよ。初めて磨崖仏を見るのも面白かった。よくまあこんな崖に彫り込んで、この人たちの知恵はすごいもんだなあと。もう旅はいやだ、とは思わなかったな。その時は辛かったけど、やっぱり楽しさのほうが、苦しさを凌駕していたね。

旅から帰って、この冊子に名前を付けようという会議の時、みんなで考えましたよ。『旅の再発見』とか、『日本の旅』とか、いろんな案が出ましたね。僕は国東半島のあの辛い歩き方を思い出して、『歩いて見る』というのを提案したの。そんな動詞ばっかりで題名になるかって言われたんだけど、宮本先生がね、面白いな、と。歩く、見る、だったら、聞く、ということもあるね、と。それで決まったのが、『あるくみるきく』です」（伊藤碩男）

『あるくみるきく』創刊から一七年後の一九八四年、ＪＴＢが「みる」「たべる」「あそぶ」の語尾から名付けたガイドブック『るるぶ』を創刊する。華やかな『るるぶ』と質実な『あるくみるきく』は、誌名も内容も対象的だ。両者の名の由来は、旅の多様性と変遷を象徴するようでもある。『あるくみるきく』は月刊で全二六三号が発行され、定価一冊六〇～二五〇円で、近畿日本ツーリストの営業所などに置かれた。一般の書店では販売せず、宣伝もしなかった。しかし通常の観光ガイドともPR誌とも異なる読み応えに挑戦したこの機関誌は、知る人ぞ知る、「幻あるいは伝説の旅の雑誌」ともいわれるようになる（須藤功『宮本常一とあるいた昭和の日本』九巻）。

## ユニークな方針

### 素人にこだわる

『あるくみるきく』の制作現場は、異例だらけだった。

まず執筆や編集は、出入りしていた若者たちで行い、「エラい学者や作家には頼まない」というこだわりがあった。

「あるく・みる・きくはばかげた編集方針をとっています。素人が考え、素人が書き、素人が写し、素人が編集することを原則としています。効率よく確実な原稿を集めてポンという方法もとりません」（宮本千晴『あるくみるきく』三九号）

それは、有名な作家に依頼するだけの予算がなかったからでもある。しかし何より『あるくみるきく』は、自分たちで旅の経験を書き、編集することで、考える力のある旅人を育てようという試みだったからだ。

「誰かが面白がっていることを可能なかぎり語らせよう」「自分の足で歩き、見、耳で聞き、そしてきちんと考えたものであるということを条件に、未完であっても独自の何かにつき動かされているような若者に多く登場してもらおう」（西山昭宣・宮本千晴『観文研二十三年のあゆみ』）と決めていた。時には地方の民俗誌家などに協力してもらうこともあったが、ほとんどは素人同士でまかなった。

たとえば、アフリカ一周の旅から帰った賀曽利隆は、初めての執筆に挑戦することになった。宮本千晴に「なあ、カソリ、そんなに大げさに考えなくってもいい。原稿にまとめなくてもいいから旅の間で強く印象に残ったことをカードに書いてみたらいい」（賀曽利隆『ツーリングマップルマガジン』一号）とアドバイスされ、そのとおり一五〇枚のカードに印象に残った体験を書き込んだ。向後元彦と伊藤幸司がそれを編集し、原稿にまとめ上げた。

誌面づくりに関しても、

「丸山君レイアウトやってよ、って言われたとき、僕はレイアウトという言葉も知らなかった。印刷の指定とかも、初めて先輩の伊藤幸司さんに教えてもらったんです。それで一冊、まるで何も知らない人間がレイアウトしたのが東京特集号なんです」（丸山純）

という具合だ。

「お付き合いのあったＪＴＢの編集者が来てね、いやあうちは有名な著者にお願いするけれど『あるくみるきく』っていうのはすごいねえ、無名の素人みたいな人に怖さも知らず書かせて、それでよくあれだけのものをつくってるねえ、ある意味ではうらやましい、と言われてましたね。

火事場の馬鹿力じゃないけど、素人の恐ろしさですよね、きっと。

すでに有名な旅行作家に書いてもらっても意味がない、その編集作業を通して人を育てる、それが千晴さんのポリシーだったんですね」（谷沢明）

「ある物書きが『あるくみるきく』を読んで、こんな素人の文章を載せて、と批判もしていた。だけど

我々は、育つためにに書いていたんだから」（相澤韶男）

『あるくみるきく』の制作は、いわば「旅の大学院」の教育課程だったのだ。最終号で、田村善次郎は次のようにその意図を語っている。

「まとまった文章を書くのは「あるくみるきく」が初めてだと言う人も沢山いました。そのような私たちが、自らの旅や調査、実践活動の中で感動し、発見した事実をできるだけ素直に語ることによって、自らの問いを深めていくと、同時に、自分たちの模索の過程を提示することを通じて、関心を持つ方々と一緒に歩き、考えていきたいと思ったのであります。／筆者も素人でありますが、編集に携わった人々もまた素人でありました。あえていえば私たちは、素人であり続けることによって、初心に徹しようとしてきたともいえるのであります」（田村善次郎『あるくみるきく』二六三号）

記事の内容は、日本国内の民俗調査を中心に、海外放浪記、旅の技術講座、旅にまつわる雑感、旅の在り方の問い直し、読者投稿など、専門的なレポートから軽めのコラムまで幅広い。いずれの記事も、若者たちの興味や悩みや喜びの軌跡が伝わってくるようなみずみずしい感受性が魅力だ。

飾らなさが美しい、今もって他に類を見ない旅雑誌と言おう。

## 自由にやらせる

『あるくみるきく』を創刊した最初の一年間、編集長は当時同友館の編集者であった福永文雄に頼んだ。二年目からは福永の技術を見習った宮本千晴が編集長を引き受けた。

基盤を固めて数年経つと、宮本千晴はほかの人にも編集長をどんどんまかせていった。未経験者を含むいろいろな人に、意識してなるべく役割をまわしたのである。しかも、各自の好きにやらせた。

「僕も編集長という役割を一時期やっています。持ちまわりみたいなもので、編集長も、一つの体験のチャンスなんですよね。何か規定の枠があったわけではなく、かなり自由だから、誌面はその号その号でかなり表現が違う。ま、やりたいようにやらせてくれて、おおらかさがある。それはやっぱり、体験に価値があるという、旅の精神そのものと言ってもいいと思う」（伊藤幸司）

誰かの言いなりに労働力として使われるのではなく、責任だけ押し付けられるのでもない。自己裁量でつくりあげている実感には、悦びがあった。

「千晴さんからね、じゃあ次の号おまえが編集するかっていうんで、まわってきたんですよ。編集もレイアウトも、勉強させてもらった。自分がまとめていくっていう楽しさは、やっぱり誰もが感じてたと思いますよ。俺がやったのはこういうかたちになったなあっていう満足感、それは絶対ありましたからね。そういう体験は貴重だったと思いますね」（須藤功）

書き手にしても同様だ。

「僕は一〇〇枚も書かせてもらう場を与えてもらえて、すごく有り難いと思ってる。そんな機会まずないですよね。嬉しかった。原稿料を一〇〇枚分くれるからというのももちろんあったけど、それだけじゃなくて、その機会が人を育ててくれる。

一〇〇枚という長さは、読む人がどれだけ迷惑するかは読み手の話で（笑）、書き手にとってはそれだけ書くべきことがあったということ。実は宮本流の旅の本質と関わる大事なことだと思うんです。それは、際限がないという点では、悪い部分かもしれない。でも僕は、今でも文章や写真がボリュームアップすることに対しては拒絶感がありません。

周りを見れば、コスト計算して作りやすい量でカッコいいものを作る人はたくさんいるわけじゃないですか。でも合理的にやる姿勢だけではだめなところってありますよね。うまく作って売れるより、無駄なことも含めたボリュームで生のまんま買ってくれる人が一人でもいる意味。愚直に格闘してやる人が持ってるエネルギー。それを僕は信じてます」(伊藤幸司)

たしかに、特集記事ともなると大変な量と熱気だ。しかし、書いた本人が執筆を通して知識や内省を深めていった様子は共感を引く。

「『あるくみるきく』は、一〇個取り込んで九個は空振り、その中で一つ得たものを載せているようなところです。取材がうまくなるともっと効率よくやるんでしょうけど、宮本先生は、その場所で取捨選択をしてもらってくるのではなく、くれるものをもらってきたら、という面白い姿勢なんですよ。

そんな下手な歩き方をしながらね(笑)。それは私自身のことですけど、そうやって作っていった雑誌じゃないかなあって思いますね」(谷沢明)

雑誌の制作方法としても、教育としても、効率的ではない。しかし素人に自由を与えるという大胆な賭けが、やる気と個性を引き出したのである。

## とことん向き合う

旅から帰って原稿を書くには、納得のいくまで時間をかけた。ただの感想文ではなく、資料や写真を整理したり、文献を調べたりする作業を通して、旅での体験を身に落とし込んでいく、大切な行程だ。『あるくみるきく』では何がすごいかと言えば、「締め切りがあってないようなもの」（印南敏秀）ということだろう。毎月の発行日は決まっており、遅れて良いはずはないのだが、「毎回間に合うか間に合わないかぎりぎりで、ダメなときは誰かが頭下げる」（伊藤幸司）という対応で押しきってしまう。

市販の商業誌ではないから、なんとか見逃してもらえたのだろう。極端に言えば、締め切りを守ることが最終目標ではなかった。「あくまで執筆者自身に自らの裡にあるはずの発見や感動や問題意識にたどりつかせ、煮詰めさせ、筆者のものとして表現させることが目標であった。それには執筆者・編集者ともに膨大なエネルギーと誠意と時間と手数を投入する以外になかった」（西山昭宣・宮本千晴『観文研二十三年のあゆみ』）のだ。

その過程は死闘だったという。

「文章も写真も初めてですから、本気でやる方もやられる方も大変ですよ。きれいごとじゃなかった」（田村善次郎）

「僕も書かなきゃだめだって言われて、書いて、宮本先生にそれでなんべん突っ返されたか。黙って突っ返すんだよ。これはこたえるねえ……」（伊藤碩男）

「最初のころ書いたものはほとんどだめでね、宮本先生が全部手直ししたの。これが抜けてる、こういう表現ではだめだといって、自分が書いた部分は後ろの数行くらいしか残らなかった。宮本先生が直接関わった昭和四十年代は特にきびしかったですね」（須藤功）

「いや、もうみんなとんでもない。僕の原稿は先輩からボロクソに言われたからね。夜中の二時に電話かかってきて、おまえの日本語はどうなってんだ、とかね。直されたのは文章技術や構成力。みんなやられたんじゃない？　でもそれで鍛えられた。写真をいっぱい撮ってくると、先輩がテーブルの上にだーっと並べて、はいこれ要らない、はい使えない、ダメ……。その横にじっと立って、どういう写真が選ばれて、どういう写真が弾かれるか、見てるわけ。そうすると、こういう撮り方しないとだめだってだんだん分かってくる。本当に勉強になったことだよね」（田口洋美）

その凄まじさは、今ならパワハラと呼ばれそうなくらいのやり取りだ。もちろん信頼関係あるゆえの言動ではあった。しかし中には、感動の旅から帰って初めて書いた原稿について、ひどく傷つけられるようなことを人前でボロボロに言われ、ずいぶん書き直されて、「これはもう自分の文章じゃない」と憎しみを味わったという話も聞く。若者同士、加減が分からない部分もあったのだろう。

まれに外部の大学教授などに執筆を頼むことがあっても、「むつかしくて読めない」などと言って二十代そこその編集担当が全部書き直してしまうこともあった。宮本常一の原稿でさえ、真っ赤になるまで勝手に手を入れて、苦い顔をされたこともあったという。

そもそも観文研では上下関係がゆるやかだった。執筆者も編集者も同等で担当し合う間柄だ。先輩後輩もないようなもので、仲間という意識だった。

時に力の入りすぎることはあったとしても、重要だったのは、本気で向き合ってくれるこうした対話相手の存在である。宮本千晴はこう指摘する。

「何度も書き直し、夜が明けるまで討論が絶えませんでした。めいっぱい議論し、主張し、反論する。それは他人が読んで分かるように書くことで、思考を練って煮詰めていく過程でした。ケチをつける側も相手を納得させるのに必死です。他人の目と闘うことで、書いている本人も本当に自分が書きたかったことを発見します。教育といえる大事な部分はそこにありました。その人の学びを深めるために、相互にやりとりができるところです。ふわあっと集まって、ふわあっと旅をして楽しかった、というのではなく、自分の使った時間に対して、これで良かったのか、という厳しい目がないと伸びない」

観文研では幸い、自分が旅をするよりも観文研という「港」で待ち、旅から帰った者を迎え、旅の話をじっくり聴いてくれる人材に恵まれていた。もちろん誰もが旅の経験があり、宮本常一から観文研に通じる「旅」という概念を共有している。その上で、真剣に聴き、書いたものを読み込んでくれる姿勢に価値があった。

編集側は、教え上手が多い。たとえば、歴史専攻だった山崎禅雄による文献学の素養は、いいかげんな記述を見逃さなかった。

「私は編集の仕事を通した知識が多いんです。耳学問ですね。『あるくみるきく』だけでなく、本からの知識もありますが。旅はあまりしていなくて、みんながしているのを見ていました。編集でコテンパンに言う役ですね」（山崎禅雄）

都立高校に勤めていた西山昭宣は、観文研では歯に衣着せぬ物言いで恐れられる編集長でもあった。毎朝学校に出勤して多忙な日々に身を削りつつも、徹夜で『あるくみるきく』に携わり、書き手たちのぶつかり稽古の相手となった。

伊藤幸司は、早稲田大学在学中に探検部で報告書の執筆編集を経験しており、写真部出身でもあった。そこで観文研では、編集や写真の技術を手取り足取り伝え、書き残してもいる。

また、膨大な旅と編集の進行を切りまわしたのは、西山妙をはじめ、歴代の事務職員たちだ。それぞれ持ち味が多彩で、事務室を出て旅に出ることもあった。新聞で求人を見て応募したという高世泉（旧姓：石坂）も、自身が旅好きで『あるくみるきく』の大ファンであったという。そうした職員たちの人柄と敏腕な手際があってこそ、観文研の活動は成り立っていた。

「千晴さんは徹夜もしょっちゅうで、朝行ってみると寝袋で転がってるんです。『あるくみるきく』ではもっと良い案があると思ったらすぐ誌面を変更してしまうし、普通ならついていけないですよ。レイアウトをしていた佐々木真紀子さんと、あの人たちはやりたいようにやるけど、本当のところは私たちで保ってる、と話していました（笑）」（西山妙）

こうして支えられ、やっとの思いで発行に至るのだった。

「手こずったものほど中味は良くなりました。熱いものができた。手慣れたものはいくら文章がきれいで読みやすくても、つまらなくてね」（宮本千晴）

「それで成長したんですよ。大学ではそんなことやってくれないからね」（田村善次郎）

さまざまな判型で発行された『あるくみるきく』

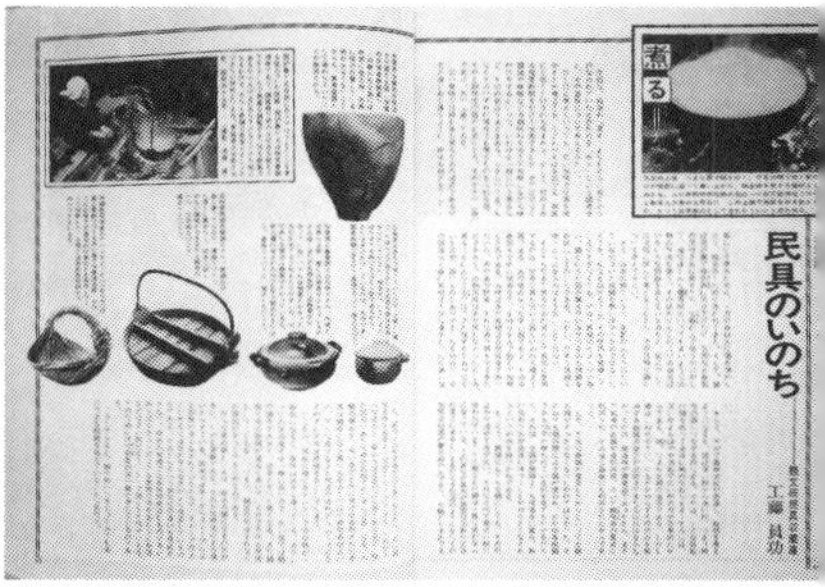

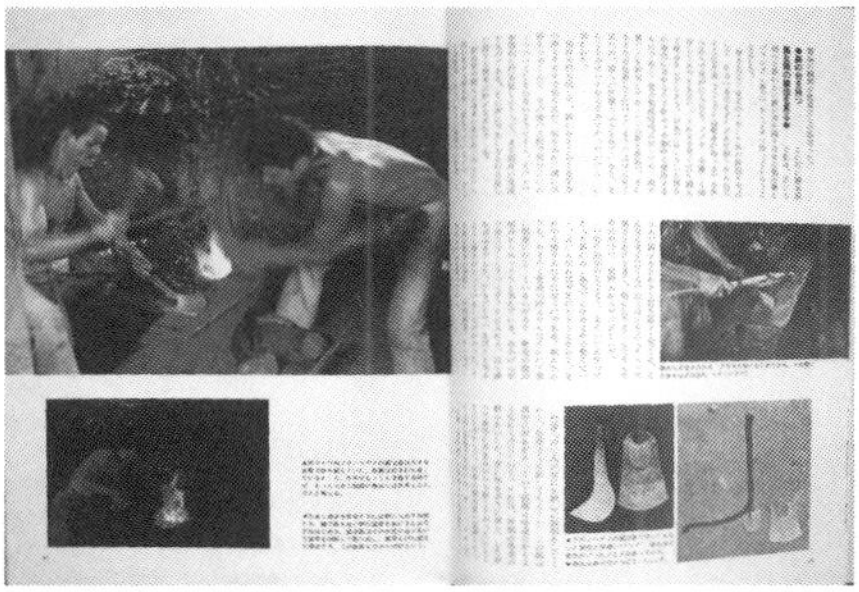

国内外の暮らしを伝える『あるくみるきく』誌面

手厳しいことも言い合うが、「出来上がったら喫茶店で講評会やるんだけど、誤字脱字を見つけた人にはコーヒー一杯なんだよ」（田口洋美）と、結局はなんだか楽しそうである。

こうして『あるくみるきく』の制作と対話を通して、若者たちは自身の旅を見つめ直し、進むべき人生の道を拓いていった。

それらの記事の一部は現在、『あるくみるきく双書　宮本常一とあるいた昭和の日本』として再編集され、復活している。

## 読者との共鳴

田村善次郎は『あるくみるきく』を評して、こう苦笑する。

「やっぱり見返すと、肩肘張ってるよね、固いよね。ほんと真面目だね。それがいいのかもしれないけど、だけど、なかなか読むのしんどいよ？　読み応えがありすぎるというか」

実際、読者の反応はどうだったのだろうか。

一九六八年のアンケートから、地方同人と定期購読者三八名による回答を抜粋してみよう（資料提供：須藤功氏）。

「表面的な観光でなく民俗的に深く掘り下げた案内は有り難く有益で、非常に役に立ち、これを信じて旅に出る気強さがあり、何よりの資料、参考になる。一方、勉強しながら楽しく読ませる旅行記だ。今後の指標になるものであろう。しかし、ともすれば旅行案内的なものになりやすいから気をつけねばならぬ。各地の民俗、歴史、地理はすべて学習の種であるから、文学的軟らかさとともに知識欲を満足させることも忘れないで欲しい。そして科学性をたくみに、目立たぬようおりこみ、世界的な水準にもっていってもらいたい。自然、民俗を活かすことだ」

知識人や愛読者からの回答だからか、さすがに教養の高い感想である。「『あるくみるきく』のようにもっと掘り下げた観光をすすめたい。真の旅を史学の上から樹立し、科学性ある旅行道、旅行学をうちたてよ」と力強い声が届いている。ユースホステルで若い人たちにも知らせたい、という要望もある。

同年の市販・贈呈分の読者アンケートでも、

「今までの旅の本とくらべて内容は第一である」／「現代では旅行ばかりで旅がなくなっている。この本はせめてもの救いだ。これは本当の旅の書だ」／「月並みな案内書や紀行文と違っているのが非常によく、おもしろい」／「まず観光地でない点に共感した。特定の観光案内のようなものは反対だ」／「各地の人びとの姿、生活、歴史が素朴に美しく、大変よく描かれていて、残り少ない日本のよさを教えられ有難い」／「今後とも生活と労働から離れた、単なる観光案内にならぬよう、あるくみるきくであれ」と、全国の共感者から支持を得た。主流の観光旅行とは異なる感触の旅を求め、既存のガイドブックにはどこか違和感を持っていたある一定の層の心に響いたのだろう。

『あるくみるきく』は「人気の高いPR誌ベスト10」にも選ばれた（『知的文見図鑑』立国書房）。「一企業の枠にとらわれない編集姿勢が読者を魅了する」「最近のPR誌には一般の商業誌が失いつつある「知」の香りが漂っている内容のものが多い」と総評されている。

一九八二年に行われた「第一九回全国PR誌コンクール」でも選外佳作となり、評価は高かった。しかしこのときの審査員のコメントが興味深い。PRの評論家が、「PR誌の活用を考えて〝売れる企画〟が欲しい」と指摘し、JTBの『旅』とその記事「温泉百選」を手本に挙げているのである。さらに、誰もが納得する著名な紀行作家にも執筆を願うべきだ、「新・日本三大名所」などの企画はどうか、と論じていく。

実は、読者アンケートでは、『あるくみるきく』はＪＴＢの『旅』とは違うところが良い、という回答がいくつもあった。また、ＰＲ誌でありながら商売気がないのがすがすがしい、これが真のＰＲだろう、という意見もあった。宮本常一は「日本三大名所」のような誰かが決めた定番に追随するのではなく、温泉地ばかりでもない、忘れられたような道を歩く旅を望んでいた。読者も同様である。世の中にはさまざまな旅観が存在する。『あるくみるきく』は、評論家の考えとは裏腹に、温泉に浸かってのんびりするだけが旅ではない、と考える人々の需要に応えていた。

専門家から見ると、ＰＲ誌としては戦略的ではないのだろう。なにせ『あるくみるきく』は商売的に「売れる」企画を打つより、知識や内面を深める目的を持つ、旅の教育課程である。そのような実験が許されたことが異例であり、驚くべきは近畿日本ツーリストの懐の深さだった。そしてそれが、読者から共感を得ているかぎり、めぐりめぐって企業ＰＲとしても成功といってよいのであった。

そして何十年も経った今見返せば、戦略的でないゆえの純朴な味わいは、色褪せぬどころか、ますます真価を発揮しているのである。谷沢明はこう語る。

「たとえば三〇年前に伊勢志摩で海女さんがかなり稼げたことだとか、今現地へ行ってもそんな話は聞けない。いくら調べようと思っても語る人がいない。そういう話が、『あるくみるきく』には満載されているんですよね。記録としてたいへん価値を持っている。

ま、未完成ではあるけどね。僕らみたいな素人がたどたどしいながらもやったわけで、下手っていうか、ぎこちないところっていっぱいあるんですよね。

でもね。そういう海女さんたちのような話を真摯に受け止めて、記録に残そうとした、なんかその愚直さみたいなものが、この本には詰まってると思う。僕はそれが、この本の価値だと思います」

グルメやレジャーを中心とした市販の観光ガイドブックは、当然ながら需要も人気もあった。その購買層であるツアー客やバカンス客に比べると、放浪的な旅人は少数派だろう。中でも、何かを学びたいという意欲を持った旅人はさらに少数かもしれない。しかし『あるくみるきく』に共鳴する読者層は、たとえ主流ではないとしても、たしかに存在していたのである。

## 編集長・宮本千晴

### 旅学道場の名コーチ

『あるくみるきく』をこのような方向に導いてきたのは、宮本千晴であった。『あるくみるきく』最終号には、「宮本千晴こそが「あるく」の編集の「魂」そのものであったと、所員の誰もが思っています」（森本孝『あるくみるきく』二六三号）と、編集室からの言葉が記されている。そのことは取材を進める中でも自然と浮かび上がってきた。

一般社会からはみだしたような面々を相手に、ともすればぶつかり合いかねなかった個性をまとめるでもなく共存させ、それぞれの才能を伸ばし得ていた背景には、宮本千晴の采配があったと聞く。

宮本常一については、恩師として直接薫陶を受けた人もいれば、たまに催される講座を遠巻きに眺めるだけの人もいた。しかし宮本千晴については観文研の誰もが「兄のような存在です」（廣瀬信子）、「みんなの恩人ですよ」（森本孝）と、親しみを込めて語る。所員たちは、宮本常一のことは「先生」と呼び、宮本千晴のことは「千晴さん」と呼んだ。両者の、いわば監督とコーチのようなコンビネーションが絶妙な効果を発揮したようだ。

「要するに観文研は千晴さんで保ってたところがあるんじゃないかなあ。宮本先生には一つの大きな力があって、人をけしかけるわけだけど、それをフォローしてそれぞれに合った方向付けをしていこうと努力したのが千晴さんだと、僕は思ってるんですけどね。千晴さんでなければ、やっぱりできなかっただろうと思いますよ」（田村善次郎）

「僕ら文章なんか書いたこともない人間が、手取り足取り教えていただいて、曲がりなりにも書かせてもらった。そういう意味では千晴さんにはもう私のみならず、すべての人が感謝してるんじゃないですかねえ」（谷沢明）

宮本千晴氏（2019年）

「我々にもけっこうきびしいことは言うんですよ。うるさいって言えばうるさい（笑）。だけどちゃんと後でね、フォローするんですよ。どっかでやさしくね。絶対に言いっぱなしじゃない。そのへんが千晴さんのえらいところでね。ほら、千晴さんは渋沢家にずっと住んでいたでしょ、たぶん渋沢敬三のやり方をおのずと身に習得したんだろうと思います。そういう点で、事務局長が宮本千晴っていうのはやっぱりすぐれていたと思いますよ。今でも千晴さんは尊敬してます」（須藤功）

「観文研で千晴さんを見たときは何者だと思ったよね。宮本常一の息子だと知らなかったもん、俺。だけどそれからずうっと付き合ってもらって。ほんと育ちのいい人だよ。どうしたらこんな育ちのいい青年ができるのかって後になって思うんだ。宮本常一は奥さんにまかせっきりで育ててないんだから。千晴さんのえらいとこって、悪口言わないことなんだよ。観文研でいろんな人が一緒にやっていけたのは、千晴さんがいたからでしょう。お金もそれぞれに分配して。やっぱり渋沢敬三のそばにいたことが生きてると思うし、渋沢家で宮本常一という親のまわりに集まる人たちを見てたんだろうなあと思うよ」（相澤韶男）

「いやあほんとにもう、常一先生をよく支えてねえ。女房じゃないかと（笑）。秘書でもあり、編集者でもあり、大変有能な方だっていう印象ですね。魅力的な、素晴らしい人ですよ」（村山道宣）

「あのね、まあ、変な人ですよ。宮本先生と違うのは、裏から支えるところ。宮本先生は、僕は怒られたこともないしあまり接触がないから分からないけど、かなり激しい部分のある人だと思うんですよ。千晴さんは、『受け』の力がものすごくある。こっちのしょうもない話を延々と聞いてくれる。

千晴さんは、とことん付き合う。僕がよくやったのは、夕方になってから話し出すんです。で、終電が過ぎれば朝まで話せるわけです。一部屋に僕と二人しかいなくて、しかも何も食わずに、延々と。僕でも何度も千晴さんを徹夜させてるし、他の人もやってる。千晴さんて、自分を犠牲にする仕方が底なし沼のよう。これってやっぱりすごいです。そうやって観文研で付き合ってしまうから、家では奥さんが大変だったんじゃないかと思うけど」（伊藤幸司）

「宮本先生は観文研には週一回しか来られませんでしたから、現実的には千晴さんがお世話してくださったんですよ。文章や写真の細かいことを鍛えていただきました。まあ夜中までねえ（笑）。『あるくみるきく』のある号では半年くらいかけてね、デスマッチ的にやってて」（谷沢明）

「スリランカの報告書を作ったとき、点字の写真を版下として焼き直しをしなきゃいけないんですが、何百枚あるか分からないこの一枚一枚を全部！　やってくれたのが、宮本千晴さんなんです。それから文章を書くときには、俺がちょっと文学的な言い回しなんかしてると『このフレーズは』と確かめながらね。一行ずつ、この論理とこの論理はどうつながる、って。そういう会話をしながら、隣に座ってくれていた人です」（岡村隆）

「千晴さんも話しますよ、饒舌に。千晴さんも僕の反応を面白がってくれたと思うんですよ。何時間も、何時間も！　日の高いうちから夜まで、とうとう話してくださったんですよ。ものすごい情熱ですよね」（賀曽利隆）

相澤韶男は大内宿保存をめぐる問題で悩んでいたとき、複雑な胸の内を宮本千晴が代弁してくれて、「心情を理解する先輩のいる幸せを感じ、それが不覚の涙となった」とも言う（『美者たらんとす』）。

公平な人格者として信頼されていた宮本千晴は、旅学道場の名コーチだったのだろう。宮本千晴自身も激務ながら、「出すに値するものしか出すまいという欲深さ」で「私も眠る権利や食べる権利、あるいは健康を維持する権利や私的な時間を持つ権利などと引換えにではありますが、大変たのしませていただきました」（『あるくみるきく』三九号）と、充実ぶりを見せている。

しかしこれほど絶賛される人も珍しい。評判にはカルトめいた気配もないのである。宮本千晴に話を聞きに行ってみると、その語り口は温厚で控えめだ。生い立ちを伺った。

## 宮本流旅学の起源

宮本千晴は、一九三七年に父・常一と母・アサ子のもと大阪府堺市で生まれた。少年時代は、戦災で周防大島の祖母の家へ疎開し、島のおおらかな風土の中で過ごした。祖母のマチは、田畑を手伝うと「すごく助かった」といつもほめてくれる人だったという。

（宮本千晴談）

「私は堺市の鳳小学校に入学したんですが、戦争が激しくなって、一年生の夏休みに田舎の祖母の元へ疎開したんです。周防大島の城山小学校に転校して。祖父は早くに亡くなってましたから、私は見たことがない。祖母が一人で、わずかな農地を守っていました。

明治以降の自分たちの田舎あたりは、とにかく貧しいところですから、出稼ぎに行かずに済むものはほとんどいませんでした。

私の祖母でも、つまり女たちでも、いつまでも郷里にいるのは恥としたそうです。数え歳十三で、仲間と連れ立って愛媛の松山へ行って、子守奉公をしたと祖母自身から聞きました。背中に一人背負って子守をして、それから小学生になった。その家のお子様を学校に送り迎えするとき、窓の外から教室を覗いて、先生が子どもに教えることを一生懸命習って、文字なんかをそうやって覚えたそうです。

当時の若い娘たちにとっては当然のことだったみたいですね。そのあいだにいわゆる行儀見習いっていいますか、ちゃんとした作法、言葉遣いを覚えるわけですね。だから私の子どもの頃、大島の歳取ったおばあさんたちはものすごく上品な、丁寧な言葉遣いでしたよ。

　父が大阪へ出ていくときに十ヶ条を言い聞かせた善十郎っていうじいさんは、かなり過激な人だったらしいですけど。自分自身で考えたことしか信じないから、それを通すことに関してはきわめてはた迷惑だと思われていた人だったみたい（笑）。隣りの家のマチさんを嫁にもらうときに、まあご両親に渋られたからだと思うんですけど、出かけて行って畳に出刃包丁を刺して交渉したという（笑）。

　周防大島はハワイへの出稼ぎが非常に多い島でした。南太平洋の島々にも当時はサトウキビなんかのプランテーションがどんどん開かれていて、その労力として日本から人が募集されてたくさん出たんだそうです。祖父が向かったのはフィジーでした。

　フィジーへ行った人たちは多くが風土病でやられて、船で日本へ送り返されました。その前に、金を稼ぐために見世物として、これが日本人だとオーストラリア各地を引きずりまわされて、ようやく日本に近づいた頃に大時化にあった。みんなこれで最後だと思いながら一生懸命に金毘羅山にお祈りをしたら、かろうじて神戸に上陸できて、ほうほうの体で郷里に戻っていった。祖父は、お祈りさせてもらったんだからといって、脚気で動けない体でほとんど四つん這いで金毘羅山に登って、御礼参りをしました。そういう人でした。それ以降、もう神頼みは二度としない、神や仏を尊重はする、お参りはするけども頼むことは一切しない、と決めたそうです。人間の努力で解決していくべきだというので、帰ってきた祖父はまず、大島でも可能性がある養蚕の講習を受けに行きました。私も桑をとってきて蚕にやったり、繭を集めたりする手伝いは、小学校時代まで何年かやった記憶がありますね。

祖父はそういう熱い人だったから、農村を復旧するために、身を惜しまずに広報活動をし、技術的、肉体的な手伝いをしました。だから祖母からよく聞かされてましたけど、しょっちゅういなくなっていたそうです。近所の病人のために来てもらった医者を日が暮れて送り返さなきゃいけない、その人手がいる、じゃあワシが送ってくると言って二時間くらい六里の距離を舟を漕いでいったり。そういうことをどんどんする人ですよ。女房にしてみたら、得にはまったくならない。自分の家に注ぐべき労力を全部奪われた。だから、死んでからずいぶん経つのに、孫にまで文句言ってました（笑）。『あんたのじいさん、私のことは好きで結婚したんじゃないんだ。よう働いて力持ちだから』。それだったら包丁立ててまで求婚しなかったろうと思うんですけど（笑）。分かち合えるけど、うらめしい亭主だったみたい。

養蚕の次には、畑に出た枝変わりの甘いみかんをなんとか特産品として活かそうと、祖父は接ぎ木を工夫して、島中に広げていくんです。これも無制限サービス精神でしていたから、大変だったと思うんですけど。それでも、万之丞みかんと言って、島の端まで普及しまして。いろんな人が関わってるから祖父だけの功績じゃないんですが、ある時期には東京の三越の果物売り場で最も高いブランドにまでなりました。

地域全体で気を揃えてやるから農産物のブランドが成立するのであって、独り占めしても意味がない。外国へ行ってみても夢のような話はない。それよりも郷里の潜在力を、いわば〝再開発〟して、価値を生み出せば、みんな外国へ行って苦労せんでもいいじゃないか、というのが祖父の考えでした。

つまり、地元にある技術を評価、採用していた。祖父は、そういうセンスと実行力にすぐれた人だった。そこにあるのが、公共心というか、みんなで良くならなきゃしょうがないんだという精神です。私は、祖父の生き方と価値観が、宮本常一の生き方と価値観の、根底を成していると思っています。だから親の真似しただけの話というか（笑）。自分も似たところがある……と言ったら、どうか知らないけれど、やっぱりひとつの、自分の価値観のベースになってるなあとは思いますね」

出稼ぎや旅が盛んだからだろうか、周防大島には外部に対し開放的な人々が多いようだ。大阪の町から疎開してきた宮本千晴は、孤独な立場であったはずだが、近所の優しい少年が海や山へ連れ出して、島の自然を教えてくれたという。祖母を手伝ってほめられながら、知らぬ間に農作業も覚えた。それらもまた、人生の土台をつくる経験になった。

「戦後は、大阪の家が焼けて、周防大島に母だけが来ました。それで祖母と女二人で、畑仕事とか養蚕とか、小さいながら田んぼもやっていました。労力は、親戚の相互関係がまだ濃密にありましたから、死んだ善十郎の妹さんが実家を大事にしてくれて、その子どもたちも親切な、律儀な人たちで、一生懸命、影になり日向になり、手伝って助けてくれました。

母は父が大阪にいるときにお見合いで結婚した人だから、田舎にバックグラウンドがないわけです。だから大変だったでしょうね。大変だったけども、やっぱり、親戚関係を含めてみんなが割に、親切だった。寛容だったんですよね。

隣りの家の奥さんにもよく手伝ってもらいましたね。ふだんもしょっちゅう、味噌や醤油を貸し借りしたり、そういうことができる土地でした。

戦後は田舎へ帰ってくる人で、一時的に人口が増えた。それをなんとか飢え死にさせない潜在力があるというか。排斥を強くしない、受容性の高さがあるんです。

当時は私の中学校の同級生たちでもほとんど当たり前のようにして出稼ぎに行きました。高校に進めるのは贅沢だった。中学卒業するとどこかへ丁稚奉公に出された。でも、みんながやってるから別に悲惨な印象は全然なかった。行ってから本人たちの気持ちは知りませんけど。大島の人たちは、それだけ自分のとこの子や孫が島の外に出て苦労してると思えば、外からやってくる人、不運の末に帰ってくる人を、無下に扱うようなことはしないんですね。

小学校、中学校もね、当時はまだいじめは発達していなかったので。子どもの頃は地元の特定の奴がどういうわけか、私に対して非常に攻撃的だったけど、みんなにいじめられるというわけではなかった。基本がやっぱり、温かさのある相身互いの社会だったからだと思うんですが、障がいのある子や、暴れるクセのある子がいたりしても、いじめることはまったくなかったですね。逆に、何かのときに弁護役に立つような人が必ず誰かいて。

だからいじめが発生する構造というのがほんとのところよく分からない。ですが、あれは完全に世の中が、大人の社会が病んでるから発生してる現象であることは間違いないですね。

戦後のその時分は若い人も多くて、盆踊りなんかも盛んで、あっちこっちの村を見にまわってたですね。盆踊りのときの口説きっていう、唄をうたう、いい声の人たちが何人かいて。それからお宮でも、子どもたちが集まっては面白い説教を聞いていました。年寄りたちは念仏講みたいなものもあって。だから私の音楽的な基礎は、お坊さんの読経のトーンとか、声がいい年寄りたちの口説き、そういうものが基準みたいになっていますね。若い時代には、その基準を適用するだけで、真贋がけっこう分かるような気がしてました。勝手な思い込みですけども。なるほど、このようにして人は受け継いでいくものなのだと、思うことがありましたね」

## 山と旅の軌跡

宮本千晴は大島の高校を卒業すると上京し、東京の渋沢敬三邸に居候して予備校、大学へと通った。また、大学では山岳部に入る。この頃の体験が、のちに観文研の運営にも大きな影響を及ぼすこととなる。

「高校二年から三年になる春休みだったと思うんですが、友だち四人で大島を出発して、ずうっと国道二号線を伝って門司まで行って、それから山口県の日本海側を走って萩まで行って、萩高校の女学生に見送られながら、山口まで峠を越えて帰ってくるという、一週間くらいの自転車旅行をしたことがありますね。自発的な、旅らしい旅をしたのはそのときが初めてだった。まあ、尻が痛くて困りました。道はまだ舗装されていなくて石ころだらけ、自転車っていったって通学で使ってるガタガタの自転車。みんな、誰かのコネを使って、泊めてもらう。だからほとんどお金はかかってなくて。

きっかけは、新聞に出ていた、サイクリングという新しい遊びの記事だったような気がします。だったら俺らの自転車でもけっこう行けるんじゃないかと。大島一周はそれまでに友達とやっていたので、じゃ今度は山口県一周してみようかと。それで、どこかへ出かけてちょっと冒険的な何かをするということへの興味がひらけたのかな、という感じがします。

親父は観文研の前の時代、離島振興協議会で無給の事務局長を何年も続けていました。私を渋沢敬三先生のところに食客として預けて。

私は大学へは二年も浪人してやっと入ったんですが、渋沢先生がうちで居候でいいよという話にしてくださって、そこから予備校に通ってたんですね。書生という制度があって、書生になると学費まで出してもらうかわりに、ギブ・アンド・テイクの関係がはっきりするんですけどね。私は居候ということで、寝泊まりだけさせてもらって、そのかわりできることは手伝えと。一見大変そうだけど、視点を変えると気楽この上ない苦労知らずとも言える（笑）。

手伝いというのは、東京の三田の渋沢邸には広い庭があったんですけど、そこの草刈りとかですね、身のまわりの掃除やら、風呂炊きやら。あとまあ、書生さんたちが担当を決めてやっていた書簡の整理とか、図書の整理の手伝いとか。こまごました雑用ですね。たいしたことじゃないけど、道路脇の掃除なんかをしていて人がたくさん通ると、なんとなく屈辱感があってね。だけどまあ、その程度のことで。丁稚奉公に出された私の中学校の同級生たちはもっとビシバシやられたでしょうね」

渋沢敬三の元には、さまざまな分野の研究者たちが相談に訪れていた。宮本千晴は、その研究者たちが必ず恩恵を受けて、感服して帰っていくのを見ていた。そうした渋沢敬三の対応について、「一言でいえば、本物のジェントルマン、本物のリーダー、本物のエリートとはどういうものなのか、目の当たりに見ることができた」（「地球永住計画」ビデオ対談・二〇二〇年七月十二日）という。

登山を始めるのもその頃だ。

「予備校生時代には、渋沢先生の末のお嬢さんが山登りをしたいというので、書生の代表をしていた学生と一緒に付き添って、何回か行きました。最初は奥白根の太郎山に行った気がします。山って面白いなあと思うようになった。渋沢先生も若いときは上條嘉門次たちと一緒に登っていましたね。

それから、浪人二年目くらいでやっと少し受験勉強の面白さみたいなのに気がつきました。最初は広島大、次の年は東京都立大しか受けなかったんですけど。都立大は安いですから。それに、文化人類学の東京勢としては面白い人たちがいた大学だった。そこへとにかく受かったんですが。早稲田も受けて、かなりいい成績で入ったらしいんですよ。だけど早稲田の方が学費が高いんで。自分としては選択の余地ないなあと思って都立大に入ったんです。

大学に入って最初の年は柔道部に入ったんだけど、私はヘロヘロしてさ、喧嘩も弱くて。学友の中には登山をする人もいた。それでおそるおそる渋沢先生に、山岳部に入ってもいいでしょうかと聞いたら、しばらく考えさせてくれと。一週間くらいして、入ってもいいよ、だけど山は危険だからと、なんとなく条件付きの感じで許可してくださいまして。で、二年になって初めて山岳部に行きました。

その山岳部で、なんていうか、人間の集団に関する基本的な理解と、価値観みたいなものを、教わった気がしますね。まあ、少しかっこよく言えばですね。

もちろんみんな、人より優れた登山家になりたい、より強くなりたいっていう気概は持ってるんですが、合宿で一緒に生活しながらやっていく。チームを作って登るわけですね。

その中で、要するに、どんなやつも、そこにいる価値と意味があるんだ、っていうことを……感覚で悟るわけです。へばって文句ばっかり言ってる奴も、そのときはコノヤローと思わないわけじゃないんですけど、でも二四時間トータルで見てると、あいつがいるからみんなが和むんだよね、とか。いないほうがいいのかって言ったら、いるほうが楽しいんですよね。

それから、強いって言っても、人それぞれさまざまな強さがあって。一本調子じゃないんですよ。百メートル走でコンマ何秒かで速い遅いというような、一つの基準でのランク付けじゃないんですよ。

部に入って最初の頃、先輩たちには風変わりな人が多くて。まあ物理学だとか化学だとか専攻にしてる人たちが中心だったせいもあるんですけどね。北穂高の岩の上でフルート吹いてたり、哲学者もいましたし、みんな面白くて。だからテントの中での何気ない話が、物理の熱力学の講義になったり、哲学のナントカの解説になったり。なんか楽しいゼミみたいなね。

そういう味があって、その一方で馬鹿馬鹿しいこともたくさんやるんですよ。雪に閉じ込められていると、退屈まぎれに素っ裸で外を走りまわったり（笑）。

ほんとに危険な時は、上級生が重い荷物を持ってつらいことを引き受けてくれましたよ。訓練ではみんな均等に重い荷物を持って歩かされましたけど」

しかし渋沢敬三が心配したように、山には危険もあった。宮本千晴は雪山で大事故に遭う。

「私はどちらかというと、アルピニズムという方向に欲求があって、なんとか上手になりたいという思いが強かった。困難な山をめざす登り方というか。それで岩登りはある程度自信がついたから、今度は雪と氷のついた岩登りをしたいと思って、穂高の奥又白へ行きました。

しんしんと雪が降る中を一人、登っていったんですが、その前数日間の天候の急変で、雪が溶けて氷になった上に新雪が降っていた。滑落の危険性があるから装備も考慮していたんですが、道が氷の滝になっていて。なんとか抜けるルートを探っているとき、岩壁に足の爪二本ずつ引っかけているだけの状態で、上を見たときに体重がかかって、ツルッと……。ばあーっと仰向けに転落した。これでおしまいだなあ、と。雪が積もってるテラスにぼーんとぶつかって、何段階か落ちて。一瞬気絶して、次に気がついたら雪崩に巻き込まれて頭を下にして流れ下っている最中だった。

結果的に右の肩甲骨はパックリ割れていました。食い違って変な格好にくっついて、今でも右と左で違うんです。肘も砕けていた」

とっさに柔道部で訓練された受け身を取ったのと、柔らかな積雪とに助けられ、危うく一命はとりとめた。「人間にとって死はすぐそばにある」と、感覚的に、身近に、死の問題を理解したという。流血と骨折を抱えながら、ちょうど近くを通った大阪市大の山岳部員たちに救助を頼んで下山した。傷が癒えると高所恐怖症になっていたが、山に登るのはやめなかった。

「山の魅力は、自然を相手にしてどこまで自由に動くことができるか、生きることができるか、ということじゃないかな。岩登りを舞踊と例えたフランス人の登山家がいましたけど、舞踊のような動きの美しさ、自覚できる動きの気持ち良さ、そういうものはありますね。でもトータルにはやっぱり、自然の中でいかに自分が生き抜くことができるか、それを味わいたくて、ですかね。

だけど、いくつか登ったんですけど、俺にはあんまり才能ないなあ、基礎体力もないなあと思い知るようになって。その後も山への憧れがなくなったりはしないいんだけど、自分はクライマーだと思うことはなくなってしまった」


しかし一九六三年には、ヒマラヤへ遠征した。初めての外国だ。

「大阪府立大学から一緒にヒマラヤへ行きましょうと声がかかって、都立大と合同チームで登ることになった。私はまあ卒業はしたけどプラプラして、その計画に没頭してた。ヒマラヤの準備で寄付の紹介状をもらうために、法学部や理学部、文学部、ほとんど全部の研究室を訪ねました。

ヒマラヤへ行ってみると、持っていた地図が、まったくデタラメだったと分かりました。登った山のピークも四〇〇〇メートルくらい低いかもしれないという疑問を持ちながら下ってきて。そのあとは、干し飯と、小さなジャガイモと、硬いトウモロコシだけを食料にして、裏側にあるまだ誰も入っていない晩秋の谷を越して、見晴らし台として登れる山を登って。この地図はこう間違ってるね、実際はこうなってるねと、地理的な発見を楽しむことができました。通りすがりの限られた時間の中でやった程度ですから、たいしたことではないんですけども、やった本人たちは、当時は非常に充実感がありましたね。

僕にとってもうひとつ大きかったのは、長いトレッキングの間に見た、地元の人たちの暮らしぶりです。まあ、中に住み込んでの観察ではなくて、すれ違いざまの話ですが。日本人とシェルパと数人で、アルン川という谷を何度も吊橋を渡りながら下っていくところなんですが、私がはぐれて、一人でずうっと歩いていくときがあったんですね。ポーターも何もいない、一人で。

そのとき、途中で会ったネパール人が、あれはチベットとの貿易の荷物を運んでるポーターだろうと思うんですが、大きな竹籠をしょって、どこへ行くんだとか、ネパール語で話しかけてくるわけですよ。こっちは残念ながら語学の才がまったくないのでほとんど分からないんだけど、でも自分がこれからカトマンズへ行こうとしてるくらいのことは言えて。

その晩、結局ね、収穫に来てたお百姓さんに、田んぼの中の仮小屋に泊めてもらって、ごはんをご馳走になった。食べ物も何も持ってなかったから。お礼に目薬かなんかを置いて。

そういう体験の中、それから畑や、家畜や、いろんなものを見ながら、自動的に考える。勝手に解釈するわけですよ。これは、この人たちにとってどういうことなのか……ひょっとすると、今の日本人よりもずっと、ごく自然に、国際的な感覚を持ってるんじゃないか、という印象を持ったりですね。

そのご馳走してくれたお百姓さんもね、前の晩に翌朝の食料まで僕に食わしてくれたから、もう食べるものがないんです。そういう善意だとかね。いろんなことを、やっぱり、考えさせられて。それを求めていたわけではない、地理的な発見とも、山の面白さとも違うものですけど、できるだけ写真に撮って、見直す中で、いろんなことを考える面白さ。それがのちに『あるくみるきく』を編集したり、観文研のみんなに撮ってもらった写真を評価したりする、ひとつの素地になりましたね。写真を見ていればその人が何を見ていたか、かなり分かるんです。何を見なかったかも推測できる」

## 学び場づくり

山岳部での経験を下地に、宮本千晴は観文研という場づくりを進めていった。

「要するに、人間って単純な優劣をつけてはいけないんだということ。より達者で、より強いクライマーとか、優劣はいろいろあるけど、みんないてくれないと、つまらなくなる。そういうものなんだと。それぞれに役割がある。存在に、価値がある。だから冒険心っていっても、さまざまな方向における冒険の大事さ、不可欠さ。それぞれの人オリジナルな関心の持ち方がある。

それから、ほっつき歩いて、観察して、考えることの面白さ。それをきちんと記録して、分析して、考察していくための方法の大切さ。その二つですね。

僕はヒマラヤ遠征を組織するのに加わって、金集めをして、いろんな人に会うことができた。それから渋沢敬三という真の意味で大きな人のそばで、その姿、考え方を垣間見てたことから、社会的に偉い人への恐怖心みたいなものはまったくなくなった。だから、俺が真剣に信じてこうだと語ることを分からない奴は相手にしなくていい、というくらいの生意気な感覚でね。まあ若い人はみんなそうだと思うんですけど。それで観文研という場を与えられて、いろんなことができました。

僕は浪人して大学入って、浪人して大学院行って、浪人中に聴講生で単位をいくつも取ってたんですけども、ちゃんと入学してからは全然行かなかった。

大学院在学中に、好きな女の子ができて、なんとか食っていくことを考えなきゃならないなあということで、ブリタニカ百科事典のセールスなんかをやったりしました。ある程度売れたんですけどね。最初は無我夢中で売ってたんですが、販売の仕方のインチキさに気がついちゃったら、とても本気でやる気になれなくなった。あんなボッタクリ商売いやだなあ、と。今のいろんな業界と同じで、若い人をばんばん使って消耗品として。

それで、いわば路頭に迷ってたところに、近畿日本ツーリストの資料室（のちの観文研）の話が親父から持ち込まれました。

非常勤でいいんだったら行くと言いました。一応まだ性懲りもなく南極最高峰に登ろうと動いている時期だったから、非常勤嘱託として手伝わせてもらうことになったわけです。

だからまあ、一応職には就いたんだけども、むちゃくちゃ給料は安いよね。そのことで長年、かみさんを苦しめることにはなるんですけどね。あくまでも非常勤嘱託だったのに、連日深夜まで働くことが多くて。残業代もまったくつかないし、週に三日のはずが六日働いても、三日分の給料しかないわけです。だけど、そういう待遇だったけども、当時の若造として、かなり生意気に、自分の考え方でやってみることができたわけですね。

親父は親父で観文研に対しそれなりに考え方はあったはずですね。だから全国から同人を呼びかけて、仲間づくりを早い時期にしたわけです。

でもそれよりも内側のことは、ほとんど僕にまかされていました。もちろん、こうしたいという私の提案を聞いて、ならやってみろ、という流れはありましたけど。私は、姫田忠義さんや、田村善次郎先生、大学の同級だった国文学者の佐藤健一郎、それから探検絡みで交流があった川喜田二郎先生、そういう人たちと議論しながら、イメージを詰めていきました。貧乏な若い人を集めて好きにやらせるのが一番得だよ、ということを含めて、あらましは私がデザインした気がしています。

資料室として固めておかなければならない部分、全国の観光資源について調べるとか、そういうことは親父が指示してやっていました。

『あるくみるきく』は、最初の二冊くらいは編集者の福永文雄さんにやってもらったんだけど、それを脇で見ていて、自分でもできると思って、引き受けた。まあ生意気この上ないんですけどね。ほんとに後になると恥ずかしいこと、やりすぎて、いまだに悪いことしたなあと胸の痛むことがよくあります。

それでもやっぱり、たとえば相澤韶男という男を相手にして、彼が撮ってきた面白い建物の写真を徹夜で議論しながら見ていって、今の高名な建築家たちの作品よりも、昔から残ってる建物のほうがいかに優れているか、ということに気がついてみたりですね。直接自分が歩いて見て、ふと気がついたもののまっとうさ。そういうことをこちらもすごく教えられたし、議論を通じて、相澤君が自分で新たにうすうす感じてたものを正当に評価され、位置づけられ、それを自覚できていっていることに、手応えも感じられたんですね。

誰かに原稿を書いてもらって、大幅に修正を命じることもありました。あなたの本当に言いたいことは、もう少し違うんじゃないか、本当に興味を持っていること、あるいは心の中で気が付きかかってるけどまだ言葉になっていないのはこういうことじゃないか、っていう議論を徹底的にやっていた。いつもできたとは言いませんが、それによって本人たちも自覚がよりシャープに、洗練されるような刺激となるように。だから二回書き直すなんていうのは当たり前だったですね。三回くらいは書き直してもらう。それで書いた本人たちが、自分の考えていること、面白がっていることは、実はこういうことなんだ、と一番深まるレベルにまでおおむね達したと思います。それで著者たちも、『あるくみるきく』を大事にしてくれた。苦闘の歴史だから。

写真を見ていてもそうです。実際には、今言えば、半分は見当はずれだったかも、とも思うんですけど。須藤功さんに旅の途中で撮った写真のフィルムを送ってもらって、すぐ現像して、行き先のどこかにコメントと一緒に送り返す、ということも何度かしましたね。そういうやり取りで、こっちが教えられることももちろん多いし、相手にも自分で考えたり工夫したりもしてもらう。

そのやり取りが、研究所としての育成のメソッドになる、方法論として有り得ると、気がついたんですね。たとえば『あるくみるきく』に載せていた地図のイラストを描く人にも、毎号必ず別の手法で描けと要求したり。写真のレイアウトにしても、毎号新しい方法を見つけ出せと提案したり。

まあ、あの、やりすぎて申し訳なかったと思うこともあるんですけども。

それが僕だけじゃないんですよね。交代で、著者と編集者がペアを組んで、しつこくやってましたからね。編集者にしても定期的な給料があるわけじゃないですよ。一冊について、ささやかな報酬はあった。一つ作るのに二ヶ月三ヶ月かかってやって、結局ボランティアと大差ないんですけども。まあゼロよりはマシ。書く方にしても、一枚いくらで稼ぎとしてはほとんど意味がなくなるんですけども。だけど、これは俺がやった、と言えるところまで多くは達した。

それで、編集の主義として、プロにはまかせない。プロは読みやすいものを作ってくれるけども、そこには発見はない。できるだけ初めての人に書かせる。充分に守れたわけじゃありませんよ。だけど、方針としてはそれを通す。

私が編集長を離れていた期間の方が長いから、その時々で作り方が変わっていってますけどね。それでも初期に私がこだわっていたことの面白さを知っている人たちが、編集を引き継いでくれました。

私は山岳部の経験から、みんなリーダーになれば、それまで頼りないように見えていても、リーダーとしての振る舞いができるようになると信じていました。だから『あるくみるきく』についても、事務局も、俺がいつまでもやってなきゃならないような組織では困るんで、仕組みだけつくっておけば人が替わってもやっていけるだろうと。だからその点だけは、最初の仕組みづくりは俺がやったんだよという、そういう自負はあります（笑）」

編集者も著者も次々と役割交代しながら、各自が足場にしたり、きっかけを掴んだり、勝手に実力をつけていく効果は充分にあった、と宮本千晴は観文研を振り返る。

「全体として民俗学的な方向になったのは、ひとえに親父がいたから。親父の言うことに興味を持った人が多かったから。武蔵野美大の生活文化研究会の流れがあって、その人たちは最初から現地でのフィールドワークに関心があったから、その方向に深まっていったし、観文研で、よりベーシックな関心へも広がった。そのためにみんな苦労したと思いますけどね。でも単に民俗学のデータ作りではない、視野の広さを身につけられるようになっていった。

それでねえ、いろんな乱暴なことができたのも、一つの大きな理由はですね、最後に、手に負えなくなったときは、親父にまかせてやればなんとかなるっていうのはあったんです。それはすごく大きい。本当にどうにもならないときは親父がとっさに原稿を書くことも何回かあったし、親父に手を入れてもらうしかない場合もありました。いざとなったときのお釈迦様の手のひらがあったから、とことん思いきってやってみることができた。そういう仕掛けの良さがありましたね。

そこまで頑張らなくても、あいかわらず私は非常勤嘱託で、週三日勤めればいいはずでした。その待遇しか最後まで受けられなかったわけですけども、それへの不満がもちろんあったし、実は人並みにつらい思い、くやしい思いもしました。それでもこの仕事を捨てるわけにはいかなかった理由は、一つは、到底普通の会社なら許してもらえない好き勝手な運営を近畿日本ツーリストが許容し続けてくれていたからです。その恩義っていうのは、はっきりある。その上で自分の待遇の不満を言うわけにはいかないという思いがありました。

それからもうひとつの理由は、近畿日本ツーリストの指示で民具の収集をしていたからです。それは、修学旅行に行った人たちがモノを通じて学ぶことができる施設をつくろうという、馬場副社長の夢がありましたから」

宮本千晴は観文研の地固めに注力しながら、自身はあくまで黒子に徹した。祖父・善十郎と同様、「世のためにできることをやり、伸びようとする人を助ける」のは無意識だった。もっとも、自分で方々を歩いてみたいといった旅心はさほどなかったという。

「僕は、想像力に乏しい人間なんですね。だから、実は山でもそうなんですけど、未知の世界だから行きたいなんていうロマンは、あんまりないんです。

一九六九年にカナダ北極圏の探査に出かけて行くんですが、人が持ちかけてくれた話に乗り始めると、関心は増えてくる。体験が近づいてきて初めて興味を持ち始めるのであって、そうでなければ、はるか彼方の何かを夢見て憧れるというロマンの持ち主ではなかった。

だから『あるくみるきく』でみんながいろいろ旅をしていても、羨ましいなという感じはあんまりありませんでした。羨ましかったら自分で行けばいい。だけど金も時間もないしそんなに今すぐ行きたいわけでもないよなあ、と。

その行きたい気持ちが高じて行ったのがカナダ北極圏だったと思うんですけどね。もう、(観文研がある)秋葉原の町の中にいて、しぼり出せるものはカスもなくなったというような感覚。まあ何をやっても誰でもそういう感覚はあると思うんですが。もう俺が皆さんに与えられるものは何もないから少し仕入れてこなきゃという、渇望のようなもの、飢えは感じました」

宮本千晴がカナダ北極圏などへ行って離れている間も、観文研では残っている人々で旅と議論が繰り返された。最初に築かれた学び合いの仕組みは、少しずつ変化しながらも機能していった。

「まあ非常に悲惨な組織だったという見方も有り得るとは思うんですけど、それでも、それなりにクリエイティブな仕掛けになっていた。要するにクレイジーなものは必ず裏表があって。善十郎じいさんも、村のために尽くした側面はプラスだけど、マチさんから言わせるととんでもないひどい亭主だ、そういう裏表の問題は常にありますから。

観文研は、はみ出した奴を集めて、その連中が面白い、大事だと感じていることを追究させる。多少の指導をし、評価をして励まし、多少のサポートをする仕掛けですよね。そのかわりその人たちの将来の安定を一切奪ってしまうわけですね。安定の約束は何もない。だからみなさん非常に苦労されたことだと思います。やっぱり何かを犠牲にして、捨てていかざるを得なかった部分がずいぶんあるわけです。それほどまでにしないとできなかった。

たぶん親父から見れば、観文研の仕掛けはそのまま親父が体験してきたこと、背後でサポートしてくれた渋沢敬三という人と、アチックミューゼアムという場の有り難さ、だと思うんですね。やっぱり渋沢敬三がいなければ、兄弟分の学者たちと仲良くなれなかったろうし。丁々発止とやりあうような視野は得られなかったかもしれない」

宮本千晴は、「芽があれば、そしてそれをなんとなく評価してくれる、サポートしてくれる場があれば、けっこうみんな頑張れるし、面白い結果になっていく」ことを、観文研とアチックミューゼアムに共通して見ていたのである。

# 遊びと学び

『あるくみるきく』が、旅らしい旅、創造的な旅、もっと手応えのある旅へのヒントを提案しようと暗中模索していることはお汲みいただいていると存じます。(…)そして専門家を集めるかわりに、まず、多くの、人間の文化や探検などに興味を持つ旅好きの若者たちを集めました。彼らはどこかで旅の延長である、自分にあった生き方を見つけて巣立っていき、今も多くが同人です。この研究所で研究をつづけている人たちとともに、その仕事がやがて「旅学」とでもいうようなものに育っていくなら成功です。(宮本千晴『あるくみるきく』一七四号)

観文研の旅学はあるく、みる、きく、という旅を通し、書く、編集することで、機関誌『あるくみるきく』に結実した。書くことは、思考を整理し、他者に伝える訓練である。提出義務があったのも効果的だった。旅の真剣味が増す。旅人は帰ってくると寝食もかまわず体験を書き、分からないことはせっと調べた。

『あるくみるきく』がそれほど心血を注げる対象となり得たことは強調すべきだろう。なぜなら、熱中できることこそ、学びにおいて最も重要だからだ。

熱中できた一因は、反応をくれて萎縮や忖度なしに切磋琢磨し合える仲間の存在、そして、組織としての短期的な利益ではなく、長期的な視野に立って各自の興味を尊重する運営手腕にあったことは間違いない。それは、枠にはまらない個性を無理やり曲げずに、活かす策だった。

「人間は、私はこう思ってるんだ！　っていうのを出さないと、どんどん埋没していっちゃいますよ。興味の赴くまんまにやってもらいたいんですよ」（賀曽利隆）

しかし『あるくみるきく』に記事を書いても、論文のように「正統な」学問としては評価されないし、研究者として将来の保証があるわけでもない。旅人たちが学ぶのは、地位や収入のためではなかった。

「なんかもう面白くて面白くてしょうがない。嬉々として、夢中で、旅してましたね。やむにやまれぬ衝動のような、どうしても訪ねたい、調べたい、話が聴きたいっていうのがあって。それが旅のバネになったんだと思いますね」（村山道宣）

「当時観文研に来ていた人はみんな、研究者になろうとか、学者になろうとか、そんな人、一人もいなかったんじゃないかなあ。私を含めて。糸の切れた凧みたいな生き方をして（笑）。だから純粋にね、旅が面白いから、宮本先生から何かを学びたいから、それだけの理由じゃないでしょうか。理屈じゃないんですね。おそらく人生を豊かにしてくれる場所だったんですよ」（谷沢明）

「いいところへ就職しようなどまったく思わずに、面白いからやっている。将来の約束はなかった。観文研では、研究をしているという意識はあったと思いますけど、研究者になれるとは思ってなかったわけですよ。研究者になるには、学会に出て発表したり、いろいろ手順を踏むわけでしょう。

僕は、論文を書こうと思って書いたことは一回もない。なぜかっていうとそれは、多くの人に読んでもらうためには、そういう書き方では入っていけないんじゃないかと思うからです。まあ研究者の論文とは目的が違うんでしょうね。ただ、最終的に到達したい点は同じかもしれない」（印南敏秀）

「他のみんなはだいたい大学を出てきていますよね。私は大学で勉強したいって気は全然なかった。高卒の人は数えるほどしかいなかったけど、観文研ではそれは関係なかった」（須藤功）

数多くの民俗学の本を書いてきた須藤功は、「私にとっては、やりたいこと、好きなことを楽しみながらやってるに過ぎないんですよ。まじめに挑むというのではなくて、好きなようにやっていたらこうなっちゃったというだけのこと（笑）。だから、そりゃあ英語とか苦手な科目はありますけど、それ以外では、勉強が苦しいと思ったことは……ないかもしれませんね」と言う。

思えばいつしか我々にとって勉強だの学習だのといえば、苦しい、めんどくさい、小難しくてつまらないのに強制的にやらされるもの、という負のイメージがつきまとっていたのではないだろうか。

しかし、「学び」は面白い「遊び」の延長なのだ。

若者たちが観文研に集まった動機は、単純な興味である。

「無給所員でしたが、いや、あそこ行ってるとね、先生はああして面白いしさ、みんないろんなところ旅してるから、その話を聞くのが面白いわけですよ」（伊藤碩男）

「見てやるぞ！ なにかつかまえるぞ！ 何か発見するぞ！ という強い意志があるから見えるものがある。自分の『好き』を追う、ただのオタクなんだけど」（田口洋美）

旅も「浮浪の遊び」と称する相澤韶男は、「民俗学を目指したわけでなく、博学者になるつもりもなく、ただひたすら歩いたのは、美しいものを求めていたからであった」(『美者たらんとす』)という。

宮本常一は、旅は学びだと言ったが、遊びを否定したわけではない。むしろ「娯楽の問題はもっと真剣に考えられていいのではないか」「遊びというものが、地域社会ではもっともっと考えられてみていいのではないか。その中でも、若い人たちにとくに喜ばれるのは旅行ではないかと思う」と説いている(「生活をよくするための努力」『村の崩壊』)。

一生懸命遊ぶことは、学びの本質ともいえる。

旅学において、「遊び」と「学び」は同義なのだ。

## 地球歩きの「赤本」

さて、観文研では機関誌『あるくみるきく』以外にもいくつかの出版物あった。その一つが『あむかす旅のメモシリーズ』だ。

これは、ＡＭＫＡＳを牽引した一人、伊藤幸司が企画した海外の旅のガイドブックである。しかしそこは観文研、ガイドブックといっても観光情報が揃っているのではない。あくまで旅人が自分の視点から一冊まるごと体験を書き綴るレポートであり、いわば『あるくみるきく』の海外版別冊である。伊藤幸司は、「学者ではなくても、学者ではないからこそレポートできるものはいくらでもころがっています」（『あるくみるきく』一三三号）と、旅人に呼びかけた。この企画は「旅をより印象深いものにする観察を、旅人から旅人へメモの形でバトンタッチしていく」ことを意図していた。

ＡＭＫＡＳに出入りしていた書き手に求めたのは次の条件である。

行動日程と使用金額をできるだけ詳しく書くこと。歩いた道筋の地図があるとよいこと。地名などのスペルは正確に原語で記すこと。「あなたが出発前に知っておいたらよかったと思ったこと」をすべて書きとめてほしいこと。加えて、四百字詰め原稿用紙五〇枚以上書くこと。五〇枚以上の量があれば、書籍扱いで国会図書館に入り、資料として後世に残せるからだ。

原稿は全ページ筆者の手書きのまま、ポケットサイズのＢ６版で印刷し、赤い表紙で綴じられた。この手書きの「赤本」は、海外を歩く旅人たちに重宝され、クチコミで広まっていった。当時まだ日本人にあまり知られていなかった地域についても、実体験を読める数少ない本だったからだ。

一九七四年から一九八七年までに刊行した全八九巻のうち、第一巻は、『パプア・ニューギニアの共通語入門』（宮本千晴）である。それから『カラコルム・トレッキング』（木村一雄）、『ヨーロッパ・東アフリカ九ヵ国』（井関隆善）、『ぼくのオーストラリア―一周と二周半』（賀曽利隆）と続く。ほかに中東、中南米、ソ連、ラダック、ビルマといったタイトルが並び、ウルドゥ語、シンハリー語、トルコ語、チベット語、ラダック語などの語学教本もあった。

「当時は南米の情報などまったくなかったから、『旅のメモシリーズ』がほぼ唯一の情報源。パタゴニア編を誰かが書いたと聞きつけて神田のビルへ行ったのが、観文研との最初の出会いだった」と、カーニバル評論家の白根全は語っている。

販売場所は観文研以外に、東京・新宿の紀伊国屋や神田の三省堂、マップハウスでも専用の棚をもっていた。「赤い本ありますか」と問い合わせて買いに来る人のほとんどは、海外で目にして知ったという。『旅のメモシリーズ』は、『地球の歩き方』（ダイヤモンド社）が生まれる以前、実用的な海外情報の元祖の一つだった。

「あの頃グループ・オデッセイという集団が『オデッセイ』という旅の情報誌を発行していて、僕らとなんとなくライバル関係にあったんです。『オデッセイ』や『旅のメモシリーズ』が終わったあと、『地球の歩き方』や、玉村豊男の『旅の雑学ノート』が大ブームになりますよね」（伊藤幸司）

ＡＭＫＡＳに出入りした若者たちが知識と体験を注ぎ込んで書いた『旅のメモシリーズ』は、『あるくみるきく』に次いで、観文研の旅学を形成した。書き手たちは、のちに広まる海外個人旅行者、バックパッカーたちの嚆矢ともなったのである。

# 第五章

# 旅の影

「旅はええもんじゃ」と宮本常一は観文研の若者たちに満面の笑みで語ったという。しかしその笑顔の裏では、困る人もいる。失うものもある。現実として、旅を賛美し、旅に出ろとけしかけるばかりでいいのだろうか。

この章では、旅を続ける人がぶつかる問題、背負う業を見据えていきたい。

# 旅をしながら食べていけるのか

## 「食わせないけど歩かせる」

観文研の人々は若者といってもすでに学校は卒業し、本来なら働いている年齢である。にもかかわらず、年がら年中旅に出ていた。いったいどうやって生活していたのだろうか。

観文研は「食わせないけど歩かせる」組織だと言われた。生活全部を面倒みるだけの月給はないが旅費は出す、という意味だ。正社員は経理・事務担当の一名だけで、所長と事務局長は嘱託職員、それ以外の「所員」はアルバイトという扱いだった。

すでに述べたように、旅費は国内であれば全額支給された。ただし研究テーマの提出が必要だ。海外に関しては原則自腹だが、ＡＭＫＡＳ探検学校のリーダーに対してのみスタッフ報酬として旅費が無料となった。

「事務員以外で観文研に就職する人はいなかったよ。そりゃ宮本先生の方針だったのね。給料をもらってサラリーマンになったらロクなことはない、と。一生懸命に人の言うことを聞いて勤めなくてはいけなくて、自分で創り出すという発想が失われていくのがサラリーマンの世界だよ、と」（伊藤碩男）

出入りする若者たちは、宮本千晴から最初にこの待遇を説明された。

「君らを食わすことはできないけど、歩かせてあげる、って。あれは名言ですよねえ。研究費と称して旅費を出してくださっていた」（賀曽利隆）

見方によって、観文研は月給のない研究所でもあり、学費の要らない大学院でもあった。大学院と捉えれば、学費無料どころか何の試験もなく不特定多数にフィールドワーク代まで出してくれるのだから、こんなに恵まれた環境はない。必要な書籍も欲しいと言えば買ってもらえた。つまり教科書、参考書もタダのようなものだ。夢のような高等教育機関である。

「観文研の印象？ こんな素晴らしい世界はない。歩かせてもらえる。旅費をくれるんだよ？ それも、私が今まで映画のロケで出かけていたのと違って、自分で行く先を選ぶことができる」（伊藤碩男）

「普通は生活が安定しなきゃ旅なんてやってられないでしょうけど、僕にとっては違うんです。もう食うや食わずでも行く。だからそれまで本当にひもじい思いをしていたのが、観文研では、旅費でーす、ってもらえて。こんな嬉しいことはなかったですよ」（賀曽利隆）

近畿日本ツーリストの馬場副社長は「金は出すけど口は出さない」という姿勢で、金の使い道については所長の宮本常一に託していた。おかげで若者たちは自由な旅ができたのである。しかし『あるくみるきく』へ原稿を書く以上、しっかり見聞しない旅はあり得ない。

「旅をすると報告を書かなければいけないのは、非常に良かった。ともかく一生懸命にものを書くことで、旅費を得るわけ」（三輪主彦）

行き先を決めると、申請したとおりに交通費、宿泊費、日当が支給された。

「観文研は、もらったお金はポケットに入れちゃいけないとさえ言われないようなところで。一泊いくらと計算して旅費が出るんだけど別に日程の制限も何もないんですよ。だから人吉盆地（『あるくみるきく』一〇九号）の取材では、一週間で総額二十万円くらい出たかな。これは人吉盆地というテーマを提案されたから、自分の興味で地図をメインにして調べたんですけど」（伊藤幸司）

それでも節約しながら予定を延ばして歩くため、実態は貧乏旅行に近い。

「交通費は余ったら返さなきゃいけない。ただね、宿泊費の領収書は要らないんだよ。だから一〇〇〇〇円で申請して五〇〇〇円で泊まっても、返す必要はなかった。それでなるべく夜行列車を使ったんです（笑）」（須藤功）

観文研からはまた、『あるくみるきく』の原稿料と写真代、編集作業料のほか、資料整理などのアルバイト代も支払われた。原稿料は、四〇〇字詰め一枚で三〇〇〇円だったという。カメラの機材は自前だが、フィルムは買ってもらえた。現像の処理代や写真整理代も出たという。

「僕は一〇〇枚書くと決めてたの。理由の一つは、下手な文章はたくさん書かないとだめだという考えがあって（笑）。もう一つは、一〇〇枚書くと三十万円ですよ。ちゃんと払ってくれるから」（伊藤幸司）

通常の大学院であれば学生はレポートを書いても原稿料はもらえないし、論文を雑誌に掲載するためには筆者がお金を出さなければいけないくらいだ。ライター職として考えても、時給にして割に合うかは別だが、ページ制限がなく支払ってもらえるのは有り難い条件ではないだろうか。

「給料はナシと言ってもまったく収入がなかったわけじゃなく、それなりに考えてくれたのね。写真は一枚いくらで払ってくれた。だからいっぱい撮ってくるんです（笑）。『あるくみるきく』に使わなくても、観文研で集積して出版社とかに売る、売れたら何割かが撮った私に入る、というシステムで」（須藤功）

「贅沢だったのは、いろんな雑誌から世界中の地名に関わる記事を集めるファイリングをやってたんですけど、それも時給が出るんですよ。そのためのロッカーまで何台も買ってもらった」（伊藤幸司）

「僕が観文研に入ったころは千葉県の松戸に、収集してきた民具の収蔵庫があってね。アルバイトで毎日収蔵庫のリストを整理して。でもそういう事務仕事みたいなの、僕はだめでね。それで、僕が金ないの知ってるから、先輩たちが『田口、地図描け』『写真撮ってこい』なんて言ってくれて。民具の図面を描いたり、写真集を制作したり、調査に行けば日当が出たり。いろいろやらせてもらったのは、まあ食うためでもあったけど、やっぱり楽しかったんだね」（田口洋美）

宮本千晴は、自身はずっと嘱託のままで事務局長を引き受け、限られた予算をなるべく皆を歩かせるために配分していた。

「若くてはみだしてしまって一生懸命に情熱を燃やしている多くの所員は、サラリーはまったくないわけです。一部バイト料はあるんだけども、あとは旅費を浮かして長く歩くとか、小遣いにしてもかまわないというものでしかないから、経済的にはみんな私よりもっとつらい立場で動いている。それを思うと、私だけがもう少し恵まれた立場を要求する気にはなれなかった。そうしてしまうと、この場は崩れるという認識があった。もう一つ自分に課していたことは、この人たちは、サラリーはもらわないけども、フィールドに出られる。存分にとは言えないけど、ある程度は出られる。そのかわり俺はフィールドに行かない、と。サラリーと旅費と両方受け取るわけにはいかない。自分としてはギリギリのバランスをそうやって取ってたつもりなんです」（宮本千晴）

## 生活のための仕事

「食わせないけど歩かせる」のが観文研である。そこで大抵は「食う」ためには他にもアルバイトやフリーランスでの収入源を持った。

多くは執筆や編集の仕事である。『あるくみるきく』の制作経験が、職業訓練となっていたのだ。

「観文研の人たちは、原稿料で食ってたんですよ。もし観文研に関わる中でお金を得ようとしたら、外部からの注文原稿に応えて書くしかないですね」（印南敏秀）

「僕ね、何で収入を得てきたかっていうと、書くことだったんですけど。いつの間にかそうなった、って感じですね。紀行文を書いてお金をもらってきた。最初は『あのー、すいません、僕、バイクでアフリカ一周して、ソマリアを横断したんですよ、こんな奴ほかにいないんですよ、これちょっと載せてもらえます?』と出版社に見ず知らずの編集長を訪ねました。編集長がその場で読んで、面白いと言ってくださって、『載せよう』と。僕にはバイクっていう武器がありましたからね、その後も、バイクに関する企画や記事をいろんな雑誌で書かせてもらいました」(賀曽利隆)

「うちは子どもがいたから、宮本常一先生や千晴さんが、新聞社なんかから細かく原稿依頼を持ってきてくれて。大金じゃないんだけども、旅の様子を書かせてもらいました」(須藤功)

「仕事としては狩猟文化についてフリーランスで原稿を書いたり、講演したり。生活するのに大変な中で、旅マタギの調査も続けていました」(田口洋美)

多くが『あるくみるきく』の記事や、ユニークな旅、宮本常一のもとでの民俗調査の経歴が人の目にとまり、原稿依頼を受けるに至っている。漫然とした旅ではなく、何であれテーマがあると、結果としては実利面でも有益だったのである。

当時は海外体験の文章も希少価値が高かった。また、出版業界は羽振りがよく、若者たちが「こんなにもらえるなんて」と喜ぶほどの原稿料が払われていたという。

編集職では、旅関連だけでなく、百科事典、広告、文化誌、業界誌など幅広い分野でも仕事ができた。

「観文研で制作したスリランカ報告書や『あるくみるきく』が、編集技術を身につける最初の場を与えてくれた。大学四年だったけど、行数の数え方から写真の配置だとか、伊藤幸司さんから細かく学んだよ。俺は一生探検やっていきたいんだけど、どうやって食っていけばいいだろうっていう疑問に必ず触れてしまっていた。そのときに、観文研で手ほどきを受けた本の編集、特にレイアウトの技術があれ

ば食っていけるぞ、じゃあ食う道はそれでいこう、と」（岡村隆）

手に職があれば、アルバイト先も見つけやすく、独立してフリーランスになることもでき、会社員となってもいざとなれば転職が可能だ。

大学で建築学を専攻した谷沢明や相澤韶男は、設計のアルバイトで稼いでいた。必要とあれば建築の道で食べていく見通しもあった。

「大学の恩師の設計事務所で、徒弟奉公みたいな形で、学部四年から大学院にかけて三年くらい仕事をさせてもらいました」（谷沢明）

「自分で描いた大内宿の図面を持ってヨーロッパを歩いて、スウェーデンで『古い村があったら紹介してくれ』って建築事務所を訪ねた。俺の英語あんまり通じなかったけど、『おまえ働かないか、これだけ図面描けるなら給料出すから』って言ってくれたよ。安宿に帰ってその話をしたら、『おまえ馬鹿だなあ、受けりゃいいのに』って言われたんだよ。でも俺、働きにきたわけじゃないから。それよりは日本で能率のいい仕事をして、一、二ヶ月我慢して金貯めて出てきたほうがいいよ」（相澤韶男）

相澤韶男は高校時代に電気関係の技術も覚えているため、「電器屋になって食うっていう最後の手段があったから、定職に就かなくても平気だったんですよ。観文研がなければ、たぶん電器量販店をやってたんじゃない？」という。

手に職でいえば、伊藤碩男はキャメラマン（映像カメラマン）である。学生時代に映画会社の松竹で照明のアルバイトを始め、まもなく学生仲間と映像技術の会社を起ち上げた。その後キャメラマンとして独立し、映画やテレビのロケに飛びまわっていた。牛山純一制作「すばらしい世界旅行」の取材ではケニアに四ヶ月滞在するなど、仕事でも面白い旅をすることがあったという。

また、学芸大学の音楽科出身の村山道宣は、ピアノ教師として生計を立てていた。在学中から始めた音楽教室でのアルバイトを増やしたのだ。多いときで二〇人以上の生徒を受け持ちながら、その中で「地方へ旅をする期間もひねり出した」という。

観文研には、「旅をしない」という逆説的な独特の旅の哲学をもって、トカラ列島にじっくりと住み着いた稲垣尚友という人物がいる。宮本常一が知り合った頃は大学を中退して、トラックの運転手をしながら「少し金ができると、薩南の島々をあるいている」（『旅にまなぶ』）という生活だった。森本孝も、在学中から始めたトラック運転手のアルバイトで、海外渡航費や生活費を得た。

西山昭宣と三輪主彦は大学で教職の単位を取っていたので、東京都立高校の教員となった。

「独身のときはアルバイトでも、下宿のおばさんがときどき余った食べものを持ってきてくれるし、そこそこ食えた。でも結婚して子どもができたし、親に金もらう筋合いだけはないからなんとかしなきゃいけないっていうんで、東京都の教員試験受けたの。観文研で編集長をしても非常勤嘱託じゃ、最初のボーナス五五〇〇円だよ。いくら貧乏に慣れてるったってこれじゃ食えねえ。しょうがないから、かみさん（西山妙）に『あるくみるきく』でレイアウトのアルバイトをしてもらって。教員になってびっくりしたのは、給料が良くてね、まもなく年収百万を超えたの。それでなんとかなるかなと、観文研にも本格的に通うようになりました」（西山昭宣）

「学校の先生なら長い夏休みがある、という動機で教師になりました（笑）。でもね、意外と休み、ないの。だから年間で四、五〇日しか旅に行けないの」（三輪主彦）

四、五〇日の休みは一般企業では破格の厚遇だろう。教員は多忙で体力勝負でもあるが、観文研界隈では、旅と両立し得る最も安定した職だった。

なお、食うや食わずの貧乏旅行とはいうものの、定職に就かず旅を続けられた背景には、実家や配偶者の存在もあった。ずっと実家暮らしだ、親が裕福だ、都内の持ち家を相続して家賃がかからない、配偶者が勤め人である、といった事情で多少楽観できたケースが見受けられる。少なくとも、ほとんどは大学に行かせてもらえるだけの家庭出身であったことは指摘しておくべきだろう。

## そのとき家族は

生涯放浪に明け暮れる旅人がいれば、経済的にも精神的にも巻き込まれるのが家族である。若いうちや独身ならまだしも、結婚すれば家庭への責任がある。ろくに稼がず家を空けていれば、家族はその分、しわ寄せを受ける。実際、旅人たちの中には離婚や絶縁の例もある。少しばかり家庭の事情に踏み込んでみよう。

### 妻の立場・夫の立場

宮本常一は多い年で年間約二〇〇日を旅に費やした。また、家族を周防大島に残して、自分は二一年間、渋沢邸に居候の身であった。

亭主元気で留守がいい、とは言うが、宮本常一は家にいないだけでなく、三人の子をもうけながら「妻に働らかせ、老いたる母を一人故里において、自らはなお家にもじゅうぶん貢がない」（「あるいて来た道」『民俗学への道』）状態だった。二十代で小学校教員を辞めて以来、執筆で収入を得たが、離島振興協議会や林業金融調査会での役職は無給で引き受けていた。五十七歳で武蔵野美大教授に就任すると、束の間の安定を得たものの、それも定年前に辞めてしまう。

家族に苦労をかけている自覚はあり、「平凡なる人間の愛情深い生活はそれぞれの家庭への忠実なる奉仕に始まると言っていい。しかし私にはそれがない、淋しい山路などを歩いている時に、ふっと夫なき家に暮している妻や子のことも思い出すことがあって、いったい自分のこのような生活はいつまで続くのであろうかと思うのであった」「むしろ故里の家に妻や子のためによき父として夫として奉仕し、家の者たちの生活を明るくする方が人間的でありかつ意義のあることのようにも思える」(「愛情は子供と共に」『家郷の訓・愛情は子供と共に』)と煩悶する。それでも旅をやめることはなかった。

客観的には、宮本常一の旅は民俗学や社会事業、人材育成などにおいて功績を残した。だが誰もが「終わりよければすべて良し」に至るとは限らない。

谷沢明は観文研に出入りし始めたころ、宮本常一の妻・アサ子に会っている。

「宮本先生の奥さんから、きつく言われましたね。『谷沢君、主人の口車には絶対に！　乗らないでくださいね』って。ははは……。奥さん、心苦しかったんでしょうねえ。宮本先生自身が旅に生きて来られた方ですからねえ」

田口洋美も、宮本アサ子にしみじみ言われた言葉が忘れられないという。

「宮本先生の奥さんが、『田口さんも観文研の所員になっちゃうのねえ。いいことなのかしらねえ、悪いことなのかしらねえ……』って。強烈に覚えてるね。だけど僕は観文研に行けることが嬉しかった。もう何でもするぞって」(田口洋美)

希望に燃える若者にひきかえ、現実生活を知る宮本アサ子は、危機感を抱いていたのだろう。

今回、話を伺えた観文研関係者は、なぜか期せずしてほとんどが既婚男性となった。意気揚々と旅を語る彼らの多くは、「それでそのとき奥様は」と尋ねると途端に目をそらして口ごもり、そそくさと逃げ出し始める。

勤め人の夫でも、残業だ接待だとろくに家にいないのは珍しくないだろう。それでも、「サラリーマン」ならばまだ給料があるはずだ。しかし旅人たちは確かな収入がなかったり、下手をすると家の金を持ち出してしまうのである。

そもそも昭和の当時はまだ男女雇用機会均等法もなく、今以上に女性が外で働くのが厳しかった時代である。にもかかわらず、夫たる旅人たちからは、経済観念の欠落した発言が次々と飛び出した。

「僕は定職に就く気なんて、まったくない！　さらっさら！　家に生活費なんて一度も入れたことはありませんよ！（笑）結婚したって自分は無職で通しましたから」

「帰りの旅費がなくなって、旅先から家に電話して女房に振り込んでくれって言ったことも、たぶん何回かあったと思う。快く振り込んだかどうか知らないけど、だって振り込んでくれないとうちへ帰れないんだから」

「経済的には、女房からすると成り立ったとは言えなかったかもしれないけど。そういう意味では申し訳ないことしたなと思ってますけどね。女房が働いてましたから、多少安堵感はあったかもしれない。僕の収入で暮らしていけなかったかもしれない」

「僕はある種の生活破綻者みたいなところがあるから、妻は苦労してたみたい。仕事が一つあって、終わると次の仕事まではないわけでしょ。そんな生き方だから当然金はないし。相当、文句はあると思う。結婚したときは、こうなるとは分かってなかったと思う。外国に行ったりするのも認めていたかっていうと……分かりません。しょうがないな、っていう」

「ある外国の政府から奨学金が取れたから、妻子を置いて一年弱ほど留学していたんだけど、奨学金といってもすごく安いわけ。それで帰国したら、うちが生活保護世帯になってた。子どもがね、『僕だけ給食費払わなくていいんだよ、って小学校で言ったら、お母さんに、そんなこと大きい声で言うもんじゃない、ってすごく怒られた』って。でもその後またしばらく別の国に入り浸り。日本で就職したけどそれも定年前にやめちゃったから、経済的に成り立たないって奥さんが怒ってる（笑）」

後ろめたさの裏返しだろうか、冗談めかして聞かせてくれるのだが、妻にしてみればまったく笑えない話だろう。

しかも家族をさしおき、仲間に金を差し出してしまう傾向もある。宮本常一はいつも全員分の食事を奢るなど、学生のために教授の月給の半分以上を使ったという。一見美談だが、苦労してきた妻にとっては加減を知らぬ夫だろう。

また、向後元彦は砂漠緑化事業を始めるにあたり、「成功したらロールスロイスをあげる」と謳って投資を募った。幸いにして緑化は成功したが、話に乗った友人たちは言う。

「みんなのポケットマネーで資本を作ろうというので、私も付き合いで二五万円ほど出したんですが、それはかみさんがかろうじて作ってた貯蓄の全額だったんです。住まいは親の家でしたけど、それ以外は自分の財布でやってたわけですから、子育てをしながら、やりくりは大変だったと思うんですけどね」

「うちに帰って奥さんに、向後さんがロールスロイスくれるってよ、と話したんです。で、給料から何十万円か出した。半年もしないうちにね、向後さんが『出資金全部なくなったからもう一回出して』って。今度は『儲かったらジャンボジェット、スチュワーデス付き』って言うんだ。それでまた出して（笑）。そうさ、怪しいさ。詐欺みたいなものさ。でもね、その人に、魅力があるんです。だから、だまされてもしょうがないなあ、と思います。

だから、奥さんが怒るわけですよ。今でもまだ怒ってます。すごく怒るのはね……実は僕、出資したの向後さんだけじゃないんだよね、けっこう、あちこちに、ふふふ……（笑）」

お金の問題だけではない。

彼らのうち少なくとも一部について、家事や育児もしない、と関係者は証言する。妻一人が稼ぎながら子育てもしているようなのである。

「遊び歩いてたことに関しては、奥さんはいまだに文句言ってるよ」

「最初は奥さんも一緒に旅仲間の集まりに来てたけど、最近はもうイヤで全然来なくなっちゃった。結婚式の披露宴も仲間内で騒いじゃったこともあって」

「あいつの奥さんは今どこにいるのかな、もう愛想尽かしてね」

ここでは夫側の素行ばかりをあげつらってしまったが、逆も然りで、妻が夫の稼ぎで旅三昧してきた例もごく稀にある。

しかし、旅が縁で結ばれた夫婦や、ともに観文研に通っていた夫婦も多い。

たとえば、伊藤碩男・由紀子夫妻は、ともに旅好きだという。

「私は恋をしてましてね。映画の照明マンになったとき、えらい稼ぎが良かったものですから、結婚できるようになった。で、大学を中退して、独立して、キャメラマンになった。テレビの仕事をして妻子を食わせてたわけ。

観文研には、仕事をしながらも時間があるかぎりしょっちゅう行ってました。かみさんも行ってました。宮本先生のイザベラ・バードの講義は、私の妻が書き起こしをやったんですよ。あの人は旅好きだからねえ、もうめちゃくちゃ。世界中歩いてる」（伊藤碩男）

西山昭宣・妙夫妻の場合は、高校教師である夫が夏休みになると、夫が子どもの面倒を見て妻が旅立つという連携ができたという。子どもが小さい頃は、『あるくみるきく』の編集を夫婦ともに在宅で手がけたこともあった。

ただ、今回聞いた範囲では、独身時代は男女各々好きに旅をしていても、結婚して子どもができると、女性側だけが生活を変えなければならなくなる状況が大半だった。家事育児は女の仕事、とする観念は根強い。そのため夫がほっつき歩いている間、妻の方は家計の工面と育児に追われ、本当は自分だって旅に出たいのに行けないという不公平を強いられることになる。

「妻がね、ずるいって言うんですよ。自分ばっかり面白い体験をしてきて。自分も行きたいって言うんで、結婚してからちょっと一緒に山に登ったりしたことはあったんですけど……」

子連れで世界旅行を決行してきた向後紀代美は、この不満を打破したパイオニアである。その様子は著書『エミちゃんの世界探検』（一九七二年）に詳しい。

「それでも子どもが小さいときは留守番ばっかりでしたよ。夫の元彦さんがずっと旅してたから。大きくなるまではちょっと絶対無理だった。子育てで忙しくて、観文研にもときどき顔を出すくらい。宮本先生の講義に行っても、子どもを連れてるから、子どもが泣いたら何度も外に出たりしてちゃんと聞いてられなくって」（向後紀代美）

向後紀代美は学生時代からいち早く観文研に通っていたメンバーだ。大学の卒論で屋久島をテーマにしたことを機に、離島振興協議会の宮本常一を、できたばかりの観文研に訪ねたのが最初だった。大学院に進学するとネパールで調査の旅をし、その後も世界の装身具研究などで多大な成果を残してきた。向後元彦と結婚後は大学講師として働いて生活を支えながら、夫婦や子ども連れで海外の秘境といわれるような地域への旅を経験している。その姿は旅に憧れる女性たちの希望であったはずだ。

その向後紀代美にとっても、分担の壁は厚かったようである。

そもそも旅への衝動が我慢できず家庭に協力できないのであれば、最初から独身でいればいいようなものだ。しかし彼ら旅人たちは、根が善良で、情熱に満ち、旅をして経験も話題も豊富であり、人間的な魅力の持ち主なのである。それゆえ周囲も惹かれてつい巻き込まれてしまう。

パートナーになる上では、旅狂いにつける薬はない、とあらかじめ知っておくことがせめてもの手立てである。

## 親の立場・子の立場

配偶者であれば、厄介な相手は選ばなければいいし、別れる選択肢もある。しかし、子どもは親を選べない。

ある人は、「宮本常一はネグレクト（育児放棄）だからね」と指摘する。旅に明け暮れて子どもの誕生に立ちあえなかったばかりか、久しぶりに帰宅しても自分の子の顔すら覚束ない有様だったというのだ。

「旅から帰って家の近くまで来たとき、わが子に似た子供が歩いている。私の顔を見ても表情一つ変えないから、他家の子供であろうかと思って家へ帰ったが、その子もまた私の家まで来た。やはり私の子供だったのである」（『民俗学への道』）

宮本常一によるこの逸話を谷沢明が大学で学生たちに紹介すると、「そんなお父さんは絶対に嫌だ！」と大ブーイングが起きたという。谷沢明は「こんな言い方をしたのは宮本先生なりの冗談でしょう」と取りなす。しかし子どもにしてみれば冗談だとしても面白くはないだろう。

以下は、親である旅人たちから聞いた話だ。

「息子が怒ってた。結婚するとき親父が無職だったら恥ずかしいじゃないか、って。あ、そんな秘密な話あんまり入れないで。けっこう本気で奥さんが怒るから。それだけ苦労したんでしょ。あんたみたいに能天気な人はいない！って」

「俺が旅から帰ってきたら家に誰もいないんだよ。隣りの家の人に、どうなっちゃったんですかって聞いたら、『あら知らなかったの、息子さんが救急車呼んで、奥さんがどこかの病院にパーポーパーポーって運ばれて行きましたよ』って。それで電話したら『たしかに入院してます』って。奥さんと子どもと二人で。子どもは大変だよ、父親いないんだもん」

以上、家庭の事情につき筆者の判断によって匿名で紹介してきたが、須藤功はあえて実名での告白掲載を申し出て下さった。

「僕は、一番多い年には二二〇日くらい歩いてる。家族を連れてった記憶は……ないなあ。家族とは、遊園地くらいは行ったけど、温泉まではないと思う。

ある年、家内が病気で倒れてね。四年後に亡くなるんですよ。それからまあ、旅をするために、子どもたちを妻の実家に預けてね。長男が十八くらいだったかな、下の二人は二つ三つ違いくらいだったと思う。だから子どもたちから、勝手な親父だって反発食らって。結婚式の時も連絡はなかったし、孫も会ったことない。今になって、お父さんとお母さんと子ども連れの家族を見るとね、俺はなんであんなふうに優しくしなかったんだろうと思うのね。それは後悔してるな。

これはやれるかどうかわかんないけどね、『ごめんなさいお母さん』っていう原稿を書いておきたいね。子どもたちの母親に詫びながら書いて、死ぬ間際に出しておきたいな。それで死んでから子どもたちが見てなんと思うか、天国で見てる。ああ、天国じゃない、地獄だ、天国には行けない……」

実名でかまわないと了承して下さったのは、自分が「ワルイヤツ」だったという印象を伝え残しておきたい、という思いからだという。

それでは、子ども連れで旅をすればよいかというと、それも賛否両論を招く。

もちろん、みんなが楽しめて思い出にもなる家族旅行は良いものだろう。

たとえば三輪主彦・倫子夫妻は、子どもが幼い頃から小学生の間、毎年必ず三週間ほどの家族旅行をし、旅の報告書も作ってきたという。親子での旅学教育の実践が伺える例だ。

しかし、もし子どもがいやがっていたり、乳幼児を慣れない気候や医療が不十分な地域への旅に連れまわすとしたらどうだろうか。

幼い娘二人を連れ、家族での世界旅の先駆けとなった向後家の場合、幸い娘さん方自身も行きたがったようだ。一九七二年の『エミちゃんの世界探検』（向後紀代美）には、幼い子があっという間に海外に順応する様子が微笑ましく描かれている。

賀曽利家でも一九七七年に赤ん坊連れで旅に出た。

「僕は向後さん夫妻の旅を真似させていただいたんです。生後十ヶ月の赤ん坊を連れて、シベリアを横断して、ヨーロッパに渡り、サハラ砂漠を縦断しました。宮本常一先生からも、赤ん坊はどこでも育っていると背中を押されまして」（賀曽利隆）

向後元彦・向後紀代美夫妻（2018年）

この旅の模様は読売新聞に連載され、大きな反響を呼んだ。しかし読者からは応援の一方で、「ところで赤ちゃんは、私も行きます、って言ったんですか?」と痛烈な批判の投書も来たという。最終的に賀曽利夫妻と赤ちゃんは無事帰国した。

いずれにしろ、幼い子たちは親に全権を委ねるしかない。親の都合だけを押しつけず、子ども本人の体調と人格を尊重することを忘れずにいたい。

逆に、子の立場で旅に出ようとすると、若いうちは親の反対にぶつかることが珍しくない。辺境への旅や女性の旅は、特に難航するかもしれない。

したがって、それでも旅発とうとするならば、覚悟して乗り越えていかなければならない。

「中高生のときから友達と洞窟探検をしてたけど、親御さんは危ないって言うじゃない。それで、計画書をびっしり作って、探検をありがたい科学調査に仕立てて(笑)。親御さんと面接して、あなたの息子さんはいかにうちのチームに重要かプレゼンして、『じゃあ行ってもいいでしょう』と許可を得るのが僕の役目でした」(丸山純)

説得し得るだけの入念な準備と安全対策から、旅は始まっているのである。

あるいは、すねかじりで親を悩ませる子の問題もあり得る。

「南米で帰りのチケットも使い込んでしまって、家庭内オレオレ詐欺をはたらくしかなくなった。すでに二回実行済み。『強盗に遭って身ぐるみはがされたから助けて』って電話したら『さっさと帰ってきなさい！』って」

「まあ観文研で旅費が少しもらえたんだけど、足りなかったら実家に帰って爺さんを半分騙して（笑）、小遣いもらって」

旅は教育投資とも言えるが、どこまで甘えられるかはそれぞれだ。

ともかく旅を続けるかぎり、身内に苦労や心配をかけがちなのである。

# 旅をされる迷惑

## 旅人は自由か

旅は自由でありたい。しかし、自由とは何だろうか。

「抵抗を設ければ自由が生まれる、という名言があるが、人間が人間になる道は激しい鍛錬、たゆまざる精進の中にあって、放任の中にはない、その框《わく》を固定させず、しかも放縦に任せず、真に人間的自由に達するような美術教育への願い、それが若い私たちの共通の願いであった」

右は、武蔵野美大の名取堯《なとりたかし》名誉校長（一八九〇～一九七五年）による教育理念である。この教えを胸に留める相澤韶男は、「ところが自由の考えをはき違えると、若者はとんでもない行動に出ます。配慮がない自由という言葉は、使えないと考えます。しかし、長い一行の中の、真に人間的自由に達する、これは素晴らしい言葉です。なまなかな考えと行いでは達成できません」（『美者たらんとす』）と思いを巡らせている。

自分の自由は、しばしば他者の自由を侵害する。自由とは、何をしても許されるという意味ではない。

宮本常一自身もまた、「村を訪れる人の中には存外不純なものが多い。いろいろの不徳を敢えてして村人を困惑せしめることが少なくないようである」「村を訪れる者が私のような者ばかりであってはならぬ。それは村にもたらすものよりも村から奪うものが多いからである」（『村里を行く』）と省みる。

旅人が稀にしか訪れて来なければ、その影響はまだ目立たなかったかもしれない。しかし観光ツアーや貧乏旅行がブームになってきた昭和の中頃、旅行者数が増えるにしたがって、奔放な振る舞いやマナー違反は宮本常一も看過できなくなっていた。「高い峰々を目ざしてあるき、人跡のまれなところを求めての旅も日本に大学の数が増してきたころから著しくふえてきて、はじめは開拓者のようにたくましくつつましかったが、近ごろはカニ族などとよばれて、その無遠慮さに顔をしかめて見ている者もある」(『旅と観光』)、「ところで、その初めパイオニア精神とも名づくべきものをもって島わたりした学生たちは一般にりっぱであり、島を正しく紹介して本土と島をつなぐ労をとるとか、島民に何らかの知識を与え、また島民に奉仕する者が多かったが、渡島者がふえてくると、最近では島民に迷惑をかけたり、島民を不安がらせたりするような行為も多くなっているようである。しかし旅行者のマナーのうちでとくに守らなければならないのは地元に迷惑をかけないことだと思う」(『離島の旅』)などと指摘している。

あいにく今日なお観光や登山を含む旅全般において、しばしば問題が生じている。たとえば、ゴミの放置、撮影マナー、民家を覗き見るなどのプライバシー侵害、地元の人にとって聖域とされる土地への無断侵入、保全植物や文化遺産の持ち帰り、買春、薬物、密輸出入、密入国などだ。単なる不注意だけでなく、欲望や話題性を優先した確信犯も見られる。

「エゴだよ、単なるエゴ。たとえ著名な登山家であっても、前人未到の山に登りたいからといって勝手に聖域に入るような人をもてはやすのは嫌ですよね」(関係者)

旅先の地域に迷惑をかけないように、できれば役に立てるようにとは、宮本常一が自戒を込めて何より大切にしていたことだ。しかし観文研においてさえ、自由や冒険を求める若者たちに、それがどこまで浸透していただろうか。

一部の旅について、観文研のある人はこう言及する。

「宮本先生は日本の行く末を考えて旅をしていました。自分一人の遊びのためじゃなかった。それが、宮本先生が教えてくださった旅の仕方でした。でも宮本先生亡き後、観文研は変わってしまった。探検だ冒険だと子どもみたいなことを言って自分の命を粗末にしたり、土地の人を傷つけたりする行為に対し、私は賛成していないと、はっきり言ったこともあります。

何をするにしても、日本だけでなく世界でも、女性や子ども、一番弱い者に基準を置いて考えることが大切なんじゃないでしょうか」

最後の一言は、宮本常一の旅と哲学の根底を表しているだろう。

そうした中、向後元彦の砂漠緑化事業は、「自分にとって未知なこと、できれば誰もやってないことを何かやりたい。その中で何が本来の、『良い』パイオニアワークなのか」（向後元彦）と考えた末の「緑の冒険」だった。

「元彦さんの場合はたまたま社会の必要と合ったんだよね。マングローブを植林して、それがユネスコで認められて。パイオニアワークなら何でもいいってわけじゃない。私たちは食べ物もない貧しい時代に育ってきたから、どうすればもっといい世の中にできるんだろうっていうことは、本能的に考えるようになってると思う」（向後紀代美）

また、旅行業界誌の編集者であった岡村隆は一九八一年、日本人による海外での「買春ツアー」が横行している実態を鋭く批判した(「若者の旅は「買春旅行」を救えるか? 〝海外旅行大衆化時代〟の虚像と実像」『地平線から・1981』)。論考ではさらに、買い占めショッピングや、リゾート建設による環境破壊、文化破壊といった観光公害を含め、旅の在り方と責任を問いかけている。

「当時は買春観光とかばかりで、日本人全般の旅行の有り様に対して、職業の中で感じていた問題意識をむきだしにしすぎた面もあったかもしれない。でも社会的意義っていうものへの視線は、そらさないつもりでいる」(岡村隆)

これは旅人に限った問題ではない。インドネシアで日系大手商社の駐在員と話した森本孝は、彼らがヒッピーやバックパッカーたちを軽蔑し、自分たち駐在員はあいつらと違う、とばかりに見下す態度に呆れていた。

「T氏(引用者注・駐在員)がセレベスのいかなる他の土地より興味を持っていたのは、結局マカッサルにあるナイトクラブであったし、通じていたのは娼婦街の地図であった。〝マカッサルにいる日本人ほどカッサル(粗野)で汚れた連中はいない〟という現地の本当の声は、彼らには聞こえない。(…)ムリもない。いつの間にか彼らは貴族、大人《だいじん》であると思ってしまっているのだ」(『あるくみるきく』七六号)

他の国からも駐在員の同様の態度が報告されている。

学者も然りだ。『調査されるという迷惑』(宮本常一/安渓遊地)という本がある。フィールドワークと称してやって来る研究者がどれだけ高慢か、地元住民の怒りを伝える一冊だ。研究者はもとより、記者、作家、メディアほか、旅や取材や研究に関わるすべての人にとって、腹にこたえる内容である。

「文化人類学者だってずいぶんひどいことをしている。カラーシャの谷で彼らがしてきた所業をあげたらきりがない。立派な論文を書いてますけども、人間として許せないことはいっぱいありますから」(丸山純)

どんな立場であろうと、マナーや倫理からは「自由」ではいられない。

## よそ者の功罪

良きにつけ悪しきにつけ、よそ者が入れば、多少なりともその土地に影響を及ぼす。旅人はともすれば、破滅も革命も起こし得るトリックスターとなる。旅人の影響を排除するには、完全に管理されたツアーに限定して地元の人との接触を禁じたり、鎖国して一切の旅を受け入れないしかない。

だが宮本常一は旅の弊害を認識しながらもなお、「害ばかり説くけれども、そこから得られてる共通感覚ってものがね、どれほど得られてるかってこと。その方がはるかに大きい」「だから、害も大きいだろう。害も大きいだろうが、僕は一人でも多く歩いてもらいたい。歩かなきゃウソなんです」(『あるくみるきく』七〇号)、「たとえ鎖国していてもそれを必要とする世界へ文化は浸透していく」(『民俗学の旅』)とうったえた。

会津の大内で宿場町保存に奮闘した相澤韶男は、住民にとってはまさに、突如侵入したトリックスターだろう。

「古代日本で、村人に福を呼び込む祝言をとなえて門付けしてまわったホイト（祝ひ人）は、いわば旅の乞食だよ。そういう人が村にいろいろなきっかけを作るんだよね。貧乏旅行者だってホイトみたいなものだ。俺は最初、大内宿で草屋根を残すと言って住民から石投げられたんだよ。この草屋根に価値があると言っても誰も信じてくれなかった。だけど村に居続けて調べた。ホイトとしてやる義務だと思ったから。たわけたことなんだけれど、俺が行くことで、地元の人と関わって、村の将来を変えていこうとした」（相澤韶男）

地域変革の鍵はよそ者、若者、ばか者と言われる。その変化の良し悪しは、すぐには判断できないことも多い。宮本千晴は、「調査される迷惑はもちろんある、おせっかいされる迷惑ももちろんある」と強調しつつ、こう語る。

「それに伴って、やっぱり良かったね、という話ももちろんある。大内宿では、少なくとも今、村が過疎地にならず、限界集落化しないですんでいるのは、相澤君ががんばり続けたおかげだと言ってくれる人がいるようですからね。しかも、単に経済的に儲けがあったというんじゃなくて、誇りの問題として、おかげさまでと言っている」

民俗学や文化人類学のフィールドワークでは、調査地の変化に介入するべきではない、と長年考えられてきた。それを踏まえて宮本千晴は指摘する。

「関わりによるマイナス面はそれなりに有り得る話だと思うんですね。親父だって、自分が万能だと思って、知恵者だと思っておせっかい焼いていたことは、まず、ないと思うんです。全部至らなさがあると思い、結果としてまずくなるかもしれないと思いながら、新潟の山古志村にしても、会津の大内宿にしても、佐渡の小木にしても、いろんなところで、リスクを自覚した上で、おせっかいを焼いていた面がある。

では、おせっかいをしないのがいいのか。

私はこうコメントをしたことがあるんですが、要するに、村の中に騒ぎを起こしたことに意味があるんだと。村としては、騒いでいることに、意味がある。活性化っていうけど、要は自分たちが考えないと、議論しないと、始まらないので。そこへ最初に投げつけたものが正しいかどうかは必ずしも問題ではない。という感覚で、親父は理解していたと思うんですね」

また、宮本常一は渋沢敬三から、調査で迷惑をかけたならその地域にお返しをするようにと教えられていた。たとえば、今では佐渡の特産となっている八珍柿（おけさ柿）は、宮本常一が地域振興のため栽培を助言したものだ。

観文研界隈でも「これからは観光地の経済、文化がうるおうような観光、旅を考えなければならない。旅先で、期待される旅人でなければならない。旅が旅人のエゴイズムではいけない」（西山昭宣）（日本経済新聞昭和四十六年五月四日）との認識があった。

ＡＭＫＡＳに出入りした関野吉晴もまた、お返しを考えてきた一人だ。一橋大学の探検部創設者である関野は、在学中の一九七一年に、アマゾン源流にあるカンパ族の集落に滞在した。彼は最初、世話になった村の少年にお礼として鏡や銃弾を贈っていた。しかしその結果、好意から助けてくれていた少年は代償を要求するようになる。関野は「純真な一人の少年を計算だかい人間にしたてていったのはぼくだった」と心の痛手を感じた。「緑の魔境」と聞き憧れたアマゾン奥地の村にも、物質社会の波が押し寄せつつあった。

「居候の身でも、自分が彼らに何もできないということは苦痛であった。彼らの生産に従事することによって代償を払うことができない私は、最もてっとり早く鏡やマッチ、首飾りを与えることによって彼らに代償を払おうと思った。その場で彼らは喜んで品物を受けとった。だがそのことは文明人対インディオという関係が露骨になり、彼らの中にはいりこみたいと思っている私の心とは裏はらな状態をつくりあげていった」(関野吉晴『あるくみるきく』七〇号)

モノでしか代償を払えなかったという当時二十三歳の関野は、アマゾンでどのような貢献ができるのかを考えた。辿りついた答えは、医療だ。関野は二十七歳で横浜医大に入学し、医師免許を取得した。そして後に、医師として世界各地で診療しながら、南米からアフリカまで人力で旅をし、人類の軌跡を辿る「グレートジャーニー」を遂げる。

ここまで本格的なお返しはそうできることではないだろう。ただ、歴史を振り返ると、旅人たちは村人を喜ばせる一芸一能をもって歩くことが多かったようである。

## 旅は危険か

知らない土地で行きあたりばったりの旅をするなんて危ないでしょう、とは旅人がよく言われることだ。

世界中の大抵の地域では人間が普通の日常を送っているのであり、まったく旅の経験がない人が恐怖心から想像するほどには、危なくはないかもしれない。

しかし当然ながら、危険は否定できない。終始決められた行程で管理されたパッケージツアーに比べ、自由に歩く一人旅となると偶発的なリスクも高まるだろう。事実、旅に出たきり帰らぬ人となる者もいる。

観文研の旅人たちからも、騙されてパスポートを盗られた、スパイと間違えられて牢獄に入れられた、闇で両替しようとしたら脇腹にナイフが当たっていた、といった話を聞いた。

とはいえ、「一〇〇パーセントの安全を保証しようとすれば一〇〇パーセント自由を拘束しなくてならない」（伊藤幸司『あるくみるきく』一七〇号）のである。自由に歩く旅は、危機回避の責任とともに行くしかない。

伊藤幸司はＡＭＫＡＳ探検学校を旅の教室として、たくさんの小さな失敗を経験してもらい、大きな危険を見ぬく力をつけていくことが、「正統的な旅の安全保障」（同）になると考えていた。

しかし探検学校のような教育機会はなかなかないものだ。なるべく情報を収集し、防犯対策をし、危険な地域に近づかない、夜は出歩かない、無茶をしない、などに気をつけながら、自分なりに少しずつ旅の体験を重ね、あやしい事態や悪い輩を嗅ぎわけるカンを養っていくしかない。

ただし、どんなに気をつけても事故や事件に巻き込まれる可能性をゼロにはできない。もっともそれはパッケージツアーでも、日常生活でも同じではある。

## 旅は逃避か

長旅を続けている人に対し「現実逃避だろう」という非難もまたよく聞かれるものだ。その点、観文研流の旅に関して言えば、むしろ「現実」を知るために世界を歩くのだと述べた。

だが、向き合うべき生活や将来から目をそむけ、旅先で単に短絡的な快楽におぼれていく落とし穴とは誰もが隣り合っている。観文研の場合、民俗調査など明確なテーマを持つ旅に「逃避」の要素は薄い。しかし、特に目的のない放浪などは、消極的な堕落と紙一重になりかねない。

バリ島に滞在した森本孝は、オーストラリア人ヒッピーがいつもマリファナを口にして「そう明るくはない彼自身の未来の寂しさをまぎらわす」様子を見つめていた。そして「バンコクで二ヶ月間も阿片窟におぼれて」いた日本人のことを思い出しながら、自身も「きのこのもたらす幻想の世界に浸りこみたいという自然な欲望」を感じ、「這いあがれなくなるのではないかという怖れ」を抱く(『あるくみるき く』七六号)。「きのこ」とは、幻覚作用のあるマジックマッシュルームのことだ。

相澤韶男は「私は今本当に旅そのものに迷いを感じている。自分の回りの現実を避け、社会に対して逃避的な態度をとっているのではあるまいかという疑問が私を迷わせている」(『あるくみるきく』三八号)と自問していた。中東を歩いたときには、ヒッピー風旅行者たちのほとんどがハシシの常習者であると知り、「ストレスの多い悩み多き現代の一部の人たちが、麻薬に逃げる気持ちは、確かな実感として理解できる」（『あるくみるきく』一〇八号）と考えた。その一方で、夢の世界に浸ってしまう怖さや、薬物が事件や紛争の火種となる事実に警戒している。

パキスタンで丸山純は「ほとんどの旅行者たちがハシシをやりに来ている」状況に唖然とした。「イスラームの文化でもカラーシャの文化でも、ハシシは基本的に歓迎されませんよ」。

インドにいた岡村隆は、長期滞在者が次第に「現実」に対する感受性を鈍らせていくさまを見た。「そのころ『旅』を操作できなくなってしまった旅人を多く見かけた。（…）旅が、怠惰や無知、無感覚といった不純物を含み、要するに惰性に支えられた日常としてそこにあった。旅の危険さ、旅がかもし出す甘美なイメージの中に潜む欺瞞性を見た思いだった」（『あるくみるきく』五七号）。

旅が長引くほどに、俗に言う「沈没」にはまって抜け出せなくなる懸念がある。沈没とは、物価の安い国などに長逗留し、無為で怠惰な日々を過ごす状態を言う。同じ長期滞在でも、積極的に異文化や生活を楽しもうとする「ロングステイ」という概念とは異なる。一見同じようにバックパックを背負った旅行者の中でも、テーマや目的を持つ場合と、ただ安く時間をつぶすために海外で沈没している場合とでは、行動意欲や目の輝きに大きな違いが現れる。後者は観光をするでもなく、極端に言えば、昼は薬物、夜は買春をくりかえすといった具合だ。薄笑いが浮かぶ目はうつろに泳ぎ、もはや実在の世界を見てはいない。沈没の果てには、社会復帰できず廃人化の恐れすらある。日々食べるために働く地元の住民は、そんな外国人滞在者たちをどう眺めるだろうか。

だが、観文研の旅人たちは次のようにも考えた。

「多くの場合、旅や放浪は逃避の手段だといわれる。ある面ではそれは正しい。自分の環境や将来がたえられないワナのように思える時、誰でも放浪者となりうる要素を持っている。失恋、離婚、失業、家庭不和、落第、犯罪、自分への失望や、将来への恐怖……たしかにそんな時、人はしばしば放浪の旅に逃れる。

しかし、だからといってすべての場合がそうかというと……違う。旅する事の中にはもっと大胆な動機がふくまれているはずである。（…）大切なことは、旅することによって何を得るかということではないだろうか」（国岡宣之『あるくみるきく』三三号）

「「旅にでたい」という意識は、その裏がえし、つまり自分とかかわりのある社会から、何かにむかってぬけだしたいという欲求が旅にかりたてるのである。もちろんそれはかならずしも逃避を意味しない。（…）ほとんどの人がいかなければならない、とさえいえる、主観的な理由をもっていたのである」（青柳正一『あるくみるきく』六二号）

AMKAS探検学校のリーダーであった青柳正一は、参加者たちが「のびのびと解放されて異質の世界に暮してみて」、自分が背負ったものや考え方をみずみずしく実感し直し、旅を終える様子を見ていた。「その時点で、「ぬけだし」の旅は、逃避から創造の旅へと質の転換がなされる。これから後の人生をたくすべき新しい場を発見した人がいる。自分をとりかこむ難問を解決する勇気をえた人がいる。いずれにせよ、自分をとりかこむ社会へ、ある自信をもってそれぞれはもどっていった」（同）

再起不能になるような逃げ方はさておき、大前提としては、当人が置かれた社会の「現実」に息が詰まっているならば、つぶれてしまう前に逃げ出すのが先決だろう。旅は、むしろ必要な非常口となる。「現実」の世界は広い。囚われていた場所だけが唯一絶対ではないと教えてくれるはずだ。

逃げる旅は、時には命の危機管理でもある。

# 旅中毒

「中毒」といっても薬物や無気力に溺れるのではなく、もっと前向きな、しかしながら少し困った「中毒」がある。旅の面白さに目覚め、旅をしないと生きていけなくなってしまうのである。

大学を中退して臥蛇島へ渡るという稲垣尚友について、宮本常一は「憑かれるという言葉がある。彼も南の島々に憑かれてしまったのである」（『旅にまなぶ』）と書いた。このように旅に「憑かれた」者は、もういてもたってもいられなくなる。旅は楽しいだけではなく、時には孤独や忍耐を伴う。にもかかわらず、新しい世界に出会う歓びに恍惚とし、まさに病みつきになるのだ。

そうして流れる景色の中をひたすら歩いているとやがて、まるで大地と一体となるかのような突き抜けた興奮、あるいは穏やかさに満たされ始めるような症候すらある。一種のフロー状態に入るのである。本来の自分に戻ったような、あるいは何者でもなくなったような感覚である。歩く旅ほどこうした感覚が訪れる。登山やマラソンでナチュラルハイになるのと似ているだろう。

そこに、旅先で出会った人々の笑顔が降りかかる。これは惚れ薬のようなものだ。この魅惑にやられると、数々のしんどさを凌駕して、また旅発ちたくなってしまう。困難があるからこそ燃える、と言ってもいい。

こうなるともう恋である。寝ても覚めても旅のことばかり考えるようになる。人はときめいていると時間が止まったように感じると言うが、旅の時間は一週間が一ヶ月のように、一ヶ月が一年のように、濃密に感じられる。

恋の病、というように、旅も病である。

通常の旅行であれば帰宅後は元の日常に戻っていくだろう。しかし旅の深い魔法にかかると、同じ道には戻れず、それまでの人生が狂い出すおそれがある。「人生を変える旅」は、確かに有り得る。観文研の旅人たちがその証拠だ。どういう方向へ向かうか、善し悪しは分からない。ただ、宮本アサ子が観文研の若者たちを心配したように、安定した生活設計からは遠のきがちだ。

旅には麻薬のような中毒性がある。そして旅に取り憑かれてしまった人は、旅が余暇でも一時的な離脱でもなく、生きる意味の中心となりゆくのである。

# 第六章 いま旅学を問う

# 時代の流れ

## 観文研の閉幕

一九八一年（昭和五十六年）一月三十日、宮本常一が七十三歳でついに永遠の旅に立った。観文研の人々は深いショックと悲しみに襲われた。

活動は継続することになった。しかしもはや宮本常一所長の名のもとに、近畿日本ツーリストからのお金を自由に使うわけにはいかない。そこで研究所として自己資金をつくるため、外部から調査や執筆の仕事を請け負い始めた。会計もそれまでのようにどんぶり勘定では済まされない。主任研究員という役職を設けて体制を立て直した。つまり、組織として通常の仕組みで運営するようになったのである。

しかし、組織改編に対する「所員」たちの戸惑いは大きかった。

「所員の殆どは自由人であり、一匹狼である。自分が興味をもった問題は徹底的に追求するが、そこに少しでも強制や束縛の臭いがこもるとそっぽを向いてしまう」（『観文研二十三年のあゆみ』）のだ。「もともと組織になじまない人が集まったところ」（谷沢明）だった。のびのびと飛びまわっていた旅人の中には、「普通」の組織になった途端、羽をもがれたように生気を失っていく者も現れた。なんとか宮本常一所長の遺志を受け継いでいこうと皆努力したが、折しも「所員」たちは三十代半ばから四十代にさしかかっていた。風来坊の暮らしは潮時でもあった。

ちょうど昭和から平成にかわる一九八九年、観文研はその役目を終えた。

宮本千晴は閉所を決断した理由をこう明かす。

「日本の世の中が、というか産業界がそうだったと思うんですが、要するに大きな組織において『管理』がキーワードになってきた時代なんですよ。

それで私たちは、感覚的なレベルですけど、『管理』や『効率』を強調することはもう、自殺行為だと感じていたんですね、クレイジーを良しとしない、クレイジーを面白いじゃないかと見る余地を残さない社会や経営方針になってきたら、もはや我々のようなスタイルでの創造性は生まれ得ない、と。お利口な成果は出るかもしれないけど、ほんとに楽しんで、面白いねえ！　というものは生まれない土壌になってしまう。

観文研にもその傾向が強くなって、はっきり見極めをつけたんです。基本的な思想が変わったところでは、もう観文研の存在意義は、ない。プロダクション化する方向に存続の可能性があるのは間違いないけれど、それはもう観文研ではないと、私は思ったものですから」

『あるくみるきく』最終号に森本孝は、「眼を閉じれば表紙の写真から文章まで、一号一号の「あるく」の内容が思い浮かべられます。それほど「あるく」にかけた所員の情熱が大きかったのでしょう」「「あるく」が自らの汗であり血であり命である、自分たちの分身であると大多数の所員が感じ考えていたからでしょう」と記す。そこには「所員」たちが賭けてきた熱量が鮮烈に刻まれていた。

「あるく」はまったく自由な雑誌でした。ジャンルに捕らわれず、人に伝えるべきものだと思えば、どんな分野のものでも特集してきました。ただ一つの条件があるとすればそれは、自分の足で歩き、見、耳で聞き、そして考えたものであることでした。しっかりと五感を見開き、人と自然が心の底で発している本当の声、シグナルを聞き分け、それを単に学問の対象としてだけに終わらせるのではなく、人や地域や社会の未来のために生かすことであったと思います。

「あるく」はまた意識して自由であろうとした雑誌でもありました。既存の価値体系にとらわれず、どんなものでも否定せず、大切にし、積極的にその価値を探りだしていきたいと考えてきました。社会の発展、進歩の過程で否定され、取り残されたものの中にも、人と社会に重要で不可欠なものがあるはず、と確信していたからです。

「あるく」はまた新しい実験を恐れませんでした。敷かれたレールの上だけを走ることを極力避けてきました。考えていることを紙上で実験し、試行錯誤しつつも、それを未来の創造のために役立てたいと考えてきました。そのために未完であっても未知への挑戦心に富んだ若者に、多く「あるく」を使っていただきました。新しい価値体系の創造、知的冒険、知的冒険人間の苗床たらしめたいと考えていたのです。

（…）来春には私たちもこの研究所から旅発ちます。（…）それは一人一人が地球を歩き、仲間を増やし、人や社会、森羅万象の現実の姿を見、真実の声に耳を傾け、未来を探る、新たなる発見の旅となるはずです。未知への冒険心を忘れず、真実を語る勇気をもち、よりよい未来を、次の世代

に伝えていく旅に挑戦してみたく思っています。（森本孝『あるくみるきく』二六三号）

こうして、人が歩かないところを歩き、見残したものを見ようとする旅に励んできた観文研は、日本のバブル経済絶頂の裏でそっと幕を降ろしたのだった。

観文研とは、何だったのだろうか。

出入りしていた人々はそれぞれこう振り返る。

「観文研っていうのは、ある種の『若衆宿』だから」（岡村隆）

「僕はやっぱり観文研は『道場』ではないかと思うんですけどね。だけどたとえば剣術の道場だったら何々流とか、型がありますよね。観文研はそういう型が作れない、はまりきれないうちに終わった、あるいは型にはめないような型を目指してたんだと思う」（田村善次郎）

「観文研というのは、やっぱり『研究所』なんですよね。非常に自由な研究所であり、大学院も兼ねていた」（印南敏秀）

「一般社会から見ると、観文研はかなり変なとこだったね（笑）。その変な中で、物事はちゃんと成立してた。これはやっぱり凄いことなのかもしれないね」（須藤功）

宮本常一にとって観文研は、あるいは大道芸を囲む輪のような場だったのかもしれない。

「大道芸の面白さは舞台を持たないことである。観客は輪になって囲む。芸人には裏も表もない。自分のすべての姿を見せる。見る方も輪になることで仲間意識を持つ。考えてみると、私の幼少の頃までは、人が集まると輪になることが多かった。輪になって話しあったのである。すると余程無口な者でないかぎり発言した。座席にも発言にも上下はなかった。人が向かい合って話すような機会は少なかった。しかし教壇で生徒を教えるときは向かいあい、いろいろの演劇や芸能も舞台でおこなうのを客席で見るというようになって演者と見物の間に一線が画されるようになった。最近はこの一線をなくするために、演出上にいろいろの工夫が見られているが、見ていて大変ギコチない。もっと自然にお互いがとけあい、話しあうような場がつくられないものであろうか」(『民俗学の旅』)

また、観文研は「時代」に許された場だともいえる。

「あのころは世界の大きな底流として、学園紛争が起こるような、何か破綻というか、変革を願う時期だった。その中で、自分たちも新しい価値を創り出していこうという気分があった。そういう言葉で考えたかどうかは知らないけれど、強くあったでしょうね。それで経済はバブル傾向で、いざとなればバイトだけでも食いつなげる。そうしたいろんなものが押し合ってできる渦の一つだったと思います。こう言うともっともらしいけれどね(笑)。近畿日本ツーリストでも、会社の中にロマンの部分も欲しいという心情があって、馬場勇という人の価値観に影響を受けた人が多かったんだと思います。それが、なんていうかバンカラは許せないという社会的な風潮の時代になっていったんでしょうね」(宮本千晴)

「当時は、損得じゃなく、いろいろな生き方ができた。それが許された時代だったんでしょうねえ。高度経済成長とは逆の価値観を持った生き方に、我々は目が覚める思いがしたんじゃないですかね。それに共感した人たちが、いろいろ夢を語り、自分たちの生活を少しでも精神的に豊かにしようと思った。

一九七〇年代頃からレジャーブームが起こって、旅が一種の消費、商品になっていった時代ですよね。旅の面白さがどんどんなくなっていく頃なんですよ。そういう中で宮本先生はあえて旅の面白さを若い人に発掘させようとした。その場が観文研だと思いますね」（谷沢明）

「まさにニッポンが高度経済成長の絶頂期をつっぱしっていた時期だったんですよね。すごい熱気でした。それがだんだん、生活が安定しなくちゃそういう旅はできないという流れになっていっちゃったんです」（賀曽利隆）

「旅ばかりしていた観文研の人たちも閉所後は他に就職できましたが、それはやっぱり時代の力が大きいと思います。まあ今の時代でも、宮本先生はやっぱり、旅に行け行けと言うんでしょうけれども。僕には言えないですね。できなくはないだろうけどね、昔みたいに簡単ではないと思う」（田村善次郎）

「今は宮本常一や観文研みたいに、途中下車して写真撮ったり人に声かけたりしてたら警察が来ますよ。個人情報保護とか肖像権とかもあるし、写真だって集落の中を撮っていられない」（田口洋美）

観文研の後に新設された「旅の文化研究所」で所長を務めた神崎宣武も、やはり「時代」を感じていた。

「観文研が終わるとき、近鉄オーナーの佐伯さんが、せっかくやってきた良い文化活動を閉じたら恥だとおっしゃって、新たな基軸で開始することになりました。僕に話があったときは、一度は断ったんですが、まあ観文研の最後は（当時所長であった）僕の責任のようなものだから、そうはいかないだろう、と引き受けました。

観文研と旅の文化研究所と、幸か不幸か両方やってみて、やっぱり時代が違う。バブルまでと今とで

神崎宣武氏（2019年）

は、企業が使える予算枠が違います。それに観文研は、よく言えば梁山泊だけど、要するに有象無象が可だったんですよ。ほんと怪しげなのがいっぱい。それが昨今の時流では、どうしても大学の教官になるとか、博士号ねらいの人たちばかりで、論文のために助成金をあちこちからもらって、賢くはなってるけど、かえってスケールが小さいでしょう。

学界では、領域が分断されて棲み分けられているけど、旅の文化っていうのは学問を横断してやらなくてはいけない。ところが横目をちらちらしてよそ見することは、今は必要ないと思う人が多いんじゃないかな。論文の効率には良くないはずだから。旅の文化研究っていうのは棲み分けや効率で考えると無理なんです。今の時代は、有象無象が入って来られないような枠が強くなってきてると感じます。外れることを嫌うんだよね」（神崎宣武）

工作などを組み上げる際にあえて余裕を持たせた部分を「遊び」と言う。観文研の強みはそのような「遊び」にあったのかもしれない。

「宮本先生に直接言われたんですが、やっぱり若いうちに一、二年道草をするのは人生にとっていいことだ、と。宮本先生はたくさんの人生を変えた人だから、その行く末もたくさん見てるわけですね、いいも悪いも含めて。その上で、大学で留年したりとか、ドロップアウトして何かしてみる、一本道を外れることに大きな可能性を信じて、人をそそのかしてる。これは支えだったと思うんですよ。宮本先生

が人生を狂わせた人の中で、本人はどう思ってるか知らないけど、周りから見てよかったなと思う人はたくさんいる」（伊藤幸司）

「当時の近畿日本ツーリストは、夢に向かって混沌としていたがゆえに、観文研についても共感する部分があったんでじゃないですか。ほら、みんな心の底なんていうのはかなり混沌としたものでしょう。そこに、論理的にこうすればもっとうまく運営できるんじゃないか、独立した組織になり得るんじゃないか、という新しい思想が入ってきた。要するに時代の変わり目ですね。

しかし目先の管理の思想でいくと、日本に博士はたくさん生まれたけども、論文の数は多いけども、世界に引用される論文は減っていった。

観文研の閉所からかれこれ三〇年くらい経って、また世の中の行き詰まりの感覚が強くなって、多様性だの寛容だのという点で、いつのまにか日本はずいぶん遅れてしまったと気付いてくる時代になりましたよね。昔とまた違うかたちで、風穴が開きつつあるのかなあと思います。そういう風穴は、誰かすぐれた思想家がやってきて開けてくれるのでも確かに刺激にはなるけれど、それでは追いつかなくて。あとは一人一人が、体験の中から、自分で気がついて、自分で考えるということですね」（宮本千晴）

## 旅学の継承

宮本常一亡き後、観文研の所長を任された高松圭吉は、「壮大な社会教育」の継続にあたり、「旅とは何かということも問い直さねばならないと思いますし、そのことから、タビ学というような学問体系を生み出すことができれば、これこそ、宮本常一研究の華麗なる結果」、「元来旅は実学でありましょう。従って私たちは常に広く、人生を社会を文化を経済を政治を見ていきたい」(『あるくみるきく』一七三号)と展望した。

観文研の解散後も、宮本流の旅学はさまざまなかたちで伝えられている。

谷沢明氏(2014年)

たとえば大学においてだ。

愛知淑徳大学で教授に就任した谷沢明のゼミでは、「あるくみるきく」をコンセプトとして、沖縄の八重山諸島への研修旅行を実施してきた。

「私の大学での役目は、宮本先生のフィールドワークの方法を学生に伝えること。民俗学というよりも、宮本先生の蒔いた種、考え方を伝えていくことだと思っています。

少しだけこだわってることがあるんですよ。旅っていうのは地域の文化を見たり、地域の方と交流したり、そういうことですよね。だから単なる観光旅行は、しない。そこはやっぱり譲れないところでしてね。学生に要求する一点なんですよ。もう一点はね、旅というのは、地域の文化や外のものを見るとともにね、自分自身を見るという行為なんですよ。

その二つをメッセージとして学生に伝えています。まあ、あとは好きなようにやってくれっていう感じで。調査は基本的にしません。その二つを課題として、自分らしい旅をしてください、と。

それで、まだ行ったことのない人に島の魅力を伝えましょうね、とテーマを立てて、自分なりの旅をしてもらって、得たことや土地の人の考えをプレゼンテーションしてもらいます。観光旅行で行っただけでは、きれいな海とか空とかで、終わってしまいますよね。そうじゃなくてね、一歩入り込んで、土地の方から聞かないと分からないことがある。一応そこに至るまでを目標としてやっているんですよ。調査とはちょっと違うんです。でもね、宮本先生が言われたこととそんなにずれていませんよね」（谷沢明）

学生たちがそれぞれ構成や音楽に工夫を凝らしたプレゼンテーションの作品は、島を歩き、人に会い、新しい体験を素直に受けとめた、みずみずしい感動にあふれている。どの作品も素晴らしい表現力だ。

成果は毎年『あるくみるきく沖縄』と題した冊子にもまとめられている。

「地域の良さを味わいつつ、交流しながら……今思うと一九七〇年代の学生のときに我々がしていたのんびりした旅に似ていますね。そういうのもありだよ、ということを教育の場で伝えているのかもしれませんね。一年に二〇人くらいの学生にしか還元できないけれども、それでも一〇年やれば、それだけ感じてくれる人が増えますからね。教室っていうのはね、昔

「あるくみるきく沖縄（一部北海道）」（2008-2013 年）

の囲炉裏端と同じ、伝承の場であると、思ったんですよ。教えるのではない、囲炉裏端で次の世代の子どもたちに伝えればいい、教員になったとき、そう思うと気持ちが楽になりました。

現実的な問題ですが、今ゼミの学生で就職希望者は全員内定が決まっていまして、ありがたいことです。やっぱり勉強の内容というより、体験が役立つんでしょうね。学生時代にこういうことをやった、という何かがはっきり言えるんでしょうね。変に調査をやるより、旅の体験が本人の身になったなら、そりゃあそのほうがいいと思いますよ。それで家庭を持ち、子どもを持っても、そういう旅の楽しみ方ができたら、これは一生の宝物ですよね」（谷沢明）

研修旅行はコロナ禍で中止となる前の二〇一九年まで継続してきた。学生の中には卒業後、石垣島に移り住んでいた人もいる。介護職の資格を取り、石垣島の病院に就職を決めたという。まさに人生を変えた旅だ。

東北芸術工科大学教授となった田口洋美は、宮本常一が地方の未来を見据えて奮闘したのと同様に、「東北に若者を残す」という目的で活動してきた。

「今も大学で『あるくみるきく』を学生に読ませるの。全巻持ってる。僕は大学で観文研みたいなものをつくりたかった。東北文化研究センターというところをまかされたんだけど、お手本にしたのは観文研なんですよ。だから外部の高校の先生とか、研究意欲のある人とか、どんどん入れ込もうと思ってそういう動きもしました。『あるくみるきく』の真似をして、ブックレットシリーズっていうのもずっと作ってきた。一六冊くらいになったかな。

東北では、とにかく若者がいないと復興も何もないから。小さい学科だけど、これまで三九〇人くらいいる卒業生のうち、三〇〇人くらいは東北に残ってくれています。だから、やることはやったのかなあと思っています」

龍谷大学教授となった須藤護は、「日本の民俗」や「観光文化論」などの講義を持ちながら、フィールドワークでの情報の読み取りを重視してきた。

「自分の体験を学生に伝え、若い人々が積極的に旅に出てくれることを期待しています。旅に関する基本的な姿勢は『あるく みる きく 考える』です。分からないことは地域の方々に聞き書きすることを勧めています。

社会人に対してもいくつかの講座を持っていますが、時代の変化を体験してきた方々が多く、しかも学習意欲が高く、思考能力も高いですので、深いところまで問題を掘り下げていくことが可能です。社会教育としての旅学の可能性はさらに期待できるものがあるように思います。

旅学に関することは私の課題でもありますので、より深く考えたいと思っています」

武蔵野美大教授となった相澤韶男は長い旅人生を振り返った自著『美者たらんとす』（ゆいデク叢書）に、若い世代に伝えたい思いを込めた。誰もに読んでもらいたい旅学の教科書のような本だ。

丸山純は、広告プランナーの本業の傍ら、大東文化大学でキャリア教育の講師を務める。教室にはさまざまな旅人を呼び、本人の口から生の体験談を学生に聞いてもらっている。

「僕はただ、学生の尻をたたいて外に出すためにやってるんですけど（笑）」（丸山純）

都立戸山高校の地理教師であった三輪主彦は、多数の教材を執筆してきた。

「旅に出て自分の目で世界を見て、世の中の人々が不公平すぎることもあるし、環境問題についても不公平がものすごくあると感じました。地球環境に関して、当事者意識は持ちますよ。だから、なんとかせにゃならんてことを考えました。で、学校の教材をつくりました。僕ね、教科書いっぱい書いてるんですよ、宇宙と地球の事典も書いてる。えらいでしょ、旅だけではなく、学問も多少やってたって言いたいだけの話です（笑）」（三輪主彦）

また、神崎宣武が先述したように、観文研が閉所して四年後の一九九三年、近畿日本ツーリストによって新たに「旅の文化研究所」（二〇一〇年から近鉄日本鉄道に移行）が設立された。二〇二一年まで活動していた旅文研では、宮本常一の教えを汲み、旅と観光の歴史や民俗的な考察を手がけてきた。昨今盛んな経済・経営面からの観光研究とは一線を画した点が特徴だ。

宮本千晴をはじめＡＭＫＡＳのメンバーが多く関わっているのは、冒険家や探検家、登山家、旅人、ジャーナリストなどのネットワークとして一九七九年に誕生した、「地平線会議」である。活動目的は、日本人による地球を舞台とした独創的な旅や行動の記録だ。金銭的利益を度外視した地道な活動や、社会の主流からこぼれ落ちたような価値観へのまなざし、旅に人生を賭けた「有象無象」がゆるやかに出入りする点などは、往時の観文研を想像させ得る。

「地平線的な旅のしかたってのは時代の流れに逆らっているわけ。どこか少数民族的なわけで、一〇〇〇万人というように（引用者注：旅行者数の）分母が大きくなるとますます少数派になる」（岡村隆

『地平線から』八巻）

「地平線にかかわっていなくても、そういう本質というかニオイを持ってる人ってのはわかる人にはわかる。探検や登山ということだけではなく、地平線的価値観というものがあるんじゃないかと思いますよ。でもそういう人って社会からはずれて、あんまり出世しないような……」（『地平線から』八巻）

独特の旅観を追う地平線会議は、現在も行動者たちによる報告会を続けている。

そのほか、『あるくみるきく』の旅人たちがそれぞれの思いを込めて編集、執筆した本は数知れない。

## 旅人たちの行方

誰が言ったか、「豊かな青春、みじめな老後」という言葉がある。旅人の人生を表すとされる一節だ。

さて、定職に就かず旅に明け暮れていた若者たちは観文研の解散後、どのような人生をたどっているのだろうか。

「観文研を終わりにするとき、僕自身は武蔵野美大に就職してるからいいんだけども、この後この人たちどうなるのっていうのは、もう口には出せないんですよ。なんにもできないから。それはやっぱりちょっとしんどいことでしたよ」（田村善次郎）

幸い田村善次郎の心配をよそに、結局多くが民俗学や文化人類学の分野で認められ、大学教員や研究職に就いていった。

「二十代はみんな遊んでたけど、三十過ぎるとそれぞれに職に就いていきましたよ。誰彼となく目を

かけられていたし。何人かの先生は、大学や博物館、教育委員会などの就職先も、口をきいてくれたと思いますね」(神崎宣武)

「観文研は歩くだけで、学問業績をあげるシステムはなかったんです。だから観文研の後に大学に勤めている人は、博物館とか資料館とか、大学の前に必ずワンステップある。まわりの先生方がお世話してくださって、私の場合は放送教育開発センターに入れていただいて、そこで論文を書いたんですよ」(谷沢明)

「僕が都立清瀬高校に勤めていたときに地理の先生だった犬井正さんは、面白い人だったから、観文研に連れて行ったんです。『あるくみるきく』の最終号は犬井正さんが書いたんです。そしたら犬井さんは清瀬高校を辞めた後に、僕は学者になるって言って、大学の先生になりました。何年か前に会ったら獨協大学の学長でした。彼の回顧録にね、観文研に連れて行ってもらったことが自分の転機になった、と書いてありましたよ」(三輪主彦)

一方、須藤功は大学での講義の依頼はあったが断り、フリーランスの民俗学写真家・文筆家として、精力的に本を書き続けている。

「私の著書は、一応もう四〇冊超えてますけどね。共著を含めると大体八〇冊くらい。だからね、別に有名人じゃないし、大学も出てないですけど、それでもちゃんと本を出してくれるところがあるっちゅうのは、世の中えらいですよね(笑)」(須藤功)

山崎禅雄は四十六歳で東京を引き揚げ、地元・島根の日笠寺住職を継いだ。

「実家のお寺で住職をしながら、宮本常一先生のお話をどのように聞いたかを伝える、『我聞塾』という私塾を開いています。田舎には学問の材料はないと思われていますが、実はたくさんあります。塾を一〇年くらい続けていると分かってくるんだけど、身近な風景でも、宮本常一的なものの見方を伝えると面白がってくれます。目と耳を訓練するんですね」（山崎禅雄）

「旅の文化研究所」の所長となった神崎宣武は、一方で岡山にある実家の神社で神主を継ぎ、郷里の伝統を記録してきた。

「田舎がいやで大学で東京に出てきたんですが、この歳になって初めて、自分がやっておかなきゃいけないと思って（笑）。僕しかできないから。僕が死んだらどうなるんだろうと思っちゃうから」（神崎宣武）

また、トカラ列島の臥蛇島に住み込んでいた稲垣尚友はその後、竹細工の職人となった。

山崎禅雄氏（2017年）

手仕事に就いた人を挙げると、佐渡の宿根木集落で北前船の復元に関わっていた武蔵野美大出身の里森滋は、福島に移り住み、木工作家として工房をかまえている。

ピアノ教師をしながら民俗音楽を収集してきた村山道宣は現在、出版社を運営している。傍らで、六十代から健康法も兼ねて新たに声楽を始めたという。

「今は、ヨーロッパのカウンターテノールの技術を使って、日本の歌が歌えないかとチャレンジしています。僕は民俗音楽の調

査を長くやりましたから、そういったものになにか関わりがあるものを、と。ま、楽しくやっております（笑）」（村山道宣）

インタビューの場に、高く澄んだ、美しい声が響いた。

宮本千晴は、向後元彦が起こした会社「砂漠に緑を」に加わった。マングローブ研究家として、アラブやベトナムのフィールドワークに通っている。

「私は観文研に関して、かなりの部分、親の手伝いをしたいっていう気持ちがあったんでしょうね。その親が死んじゃったら、その部分ががっくり抜けちゃうから、俺でなきゃやれない手伝いは、もうない。いる意味がなくて、すぽっと抜けちゃった感覚。それで向後に誘ってもらって、マングローブに専念するようになりました。もちろん興味はあったし、面白いと思ったからですけど」

向後元彦は現在、さらなる新しいパイオニアワークを目指しているところだ。

「やっと砂漠の厳しい環境の中でマングローブを育てられることが実証できた。今は、マングローブの古生物学に興味を持っています。この研究によって、誰も言ってなかった一つの理論を発表できるだろうと。それから、長年の夢でまだかたちになっていませんが、ミャンマーに大学をつくろうとしています」（向後元彦）

ＡＭＫＡＳを率いていた伊藤幸司は、山歩き教室「糸の会」を主催している。

「僕は一人で放浪とかはしないんです。初めての人を連れて行って、その人が変わっていくのが面白い。ＡＭＫＡＳ探検学校のようにね。観文研の頃から全然進歩してないなって最近気が付きました。でも心地いい。自分の本業です。フリーランスの編集者として何度か出版社と仕事もしましたけど、僕は理不尽を強いられている職場や仲間を見ると、親分に対して喧嘩を売りたくなるんです。我慢して何かするという姿勢が希薄なんですよ。勤める辛さみたいなのを実は知らない。いつも自己流でやりたい。だめだと分かっていても、自己流でやりたいっていう欲求は非常に強い」（伊藤幸司）

何十キロもの荷を担ぎ登山で鍛えている伊藤幸司は、七十歳を過ぎてなお体力が増しているようである。

雑誌『望星』の編集長を定年まで勤め上げた岡村隆は、探検家としてNPO活動を続けつつ、次の展開を見据えている。

「年齢的にも体力的にも、俺もそんなに第一線の現場に入れなくなっちゃうから、スタディツアーをやろうかなって。一ヶ所くらいは許可を取ってジャングルの中を探査したい。みんなが遺跡観光なんかに行くときは、発掘されて、修復された、遺跡公園になってるのを見ているんだよね。そうじゃないんだよ、と。発見のときは、もうぼろぼろの状態で、ジャングルで発見されるんだよ、と。それを見せてやりたい」

伊藤幸司氏「糸の会」にて（2017年）

三輪主彦は都立高校の教員を退職し、現在は阿吽《あうん》の狛犬をテーマに神社を巡る旅を続ける。また、夫婦で少しずつ四国遍路を歩いてまわっているという。

相澤韶男は武蔵野美大教授として定年を迎え、目下、在家僧侶となって漆塗りの修行中だ。

「リュックサックに漆の道具入れて、お寺をまわって『本堂に泊めてください』って全国を歩こうと思ってるの。泊めてくれたら、お箸に漆を塗ってお礼をしようと思って。うまくいったら旅と仕事が一緒にできる。そんな就職活動を今始めたばっかりなんだよ。金がなければそういうこと考えるんだよ、俺は、浮浪者だから。『毛坊主の自在』っていう考え。『自由』じゃないんだよ。『自在』っていうのは、自分だけじゃなくて、自他ともに自在なんだ。自利、利他。

今になってみると、ああ昔の無駄遣いが役に立ったなあ、って思う。いや、無駄遣いじゃなくて、自己投資なんですよ、旅は。何にいつ役に立つか分からないけど、賭けるしかないんだよ」

三輪主彦氏（2017年）

観文研で旅をしてきた人々全員の消息をたどれたわけではない。皆必ずしも順風満帆ではなかったかもしれない。ただ、今回聞いたかぎりで分かるのは、旅をしてきた生き方を肯定し、満足して、挑戦し続けているということだ。旅の経験は、確かに人生の土台を築いていた。

「旅の経験で失ったこと……？　これ、大事なことなんだよね。たとえば旅にのめり込んで、普通の人が送るような人生は失ってるわけだから。まあそれはしょうがないよね。それと引き換えても余りあるものを、絶対にもらってるわけだからね」（岡村隆）

そこに、やりたいことをやればよかった、という悔いはない。「豊かな青春」がずっと続いているようでもある。もちろん背景には、周囲や時代の協力もあったことだろう。ある人は「甘い人生」だと振り返る。しかし今のところ「みじめな老後」は訪れそうもなく、前向きで溌剌としている。

「僕が書いた本は、『さあ、これからどこどこへ！』という終わり方がすごく多いんですよ。それは松尾芭蕉の真似なんです。『旅に病んで夢は枯野をかけめぐる』！あの世界ですよ。あの芭蕉の辞世の句は、悲壮感漂うっていうけども、とんでもないですよ！　あんなに明るい句はない」（賀曽利隆）

松尾芭蕉の『奥の細道』も、沢木耕太郎の『深夜特急』も、最後は帰宅ではなく、次なる目的地を示唆する場面だ。日々旅にして、旅を栖《すみか》とす。おそらく、芯からの旅人は一生旅をするよう生まれついているのだろう。

## 歩く旅の効果

「旅がうまく機能しているとき、それぞれの生き方、アンテナに何をもたらしているのか」と宮本千晴は問う。

旅は、具体的にどのように役立つのだろうか。

旅学において、テーマを追究するフィールドワークのような旅をいわば専門課程とするならば、歩く旅に共通する一般教養課程ともいえる学びがある。

ここでは、基礎教養となる旅の効果をまとめてみよう。

### 一次情報を得る

旅とは、メディアや権威から与えられる間接的な情報ではなく、みずから現場に立って一次情報に接する行動に他ならない。

宮本常一は「まずわれわれが必要なことは翻訳でないもの、自分の目を通して物をみる、そういう目を持つことが、何より大事なことではなかろうかということを、旅をして考えさせられてきたのです。本物をみるということは、あるく以外に実は方法のないものなんです。自分自身がその体験を持たない限り、実はその本物はわかりようがないのです」(『旅にまなぶ』)と記している。

巷にあふれる玉石混交の情報を自分の頭で判断するには、一次情報に触れるしかない。たとえどんなに本やインターネットで情報を集めても、「他人《ひと》の体験、考えはあくまで他人のものであって、参考にはなっても、自分の身をもって学びとったものとは原画《オリジナル》と偽もの《コピー》以上の違いがあるのです」（向後元彦『あるくみるきく』三二号）というわけだ。「旅を意義づけするならば、まさに書物などからは得られない原体験を得ること」（同）なのである。しかし日々各種メディアの波に晒されている我々は、知らず知らずのうちに、物事を直接体験しないまま分かったような気で過ごしてはいないだろうか。

教育学者の斎藤孝による考察は、宮本常一や観文研の旅学とも共通する。斎藤孝は、師を求めて旅に歩いた幕末の志士を例に、こう論じている。

「歩くことを基本にしたこうした学びのスタイルは、情報摂取という点からいえば効率がよくないように見える。しかし、こうした出会いは、人生において祝祭的な時間である。自分の利益になる情報を自分の部屋に居ながら効率よく摂取するというだけの了見では、捉えることのできない濃密な時間がこうした出会いにはある。また情報という観点から見たとしても、人物の表情や口調、あるいはからだから発せられる人格的な雰囲気やしぐさ、あるいはその場の状況での振る舞い方などは、莫大な情報をふくんでいる。

からだとからだの間でやりとりされている情報量は莫大である。その上、実際に会って話をすれば内容も変わってくる。自分のからだに刻まれた人物の印象は、自分の中に住みこんでその後の学びを活気づける。電子メールを通じての情報交換は効率的であり、今後も増えていくであろうが、自分の足を使って会いに行くことの重要さはいよいよ増してくるのではないだろうか」（『身体感覚を取り戻す 腰・ハラ文化の再生』）

歩かずに済んでしまう時代だからこそ、体験の価値は高まっているのである。

## 思考力・判断力・決断力

五感から主体的に吸収した一次情報は、強烈に脳と体に記憶されていく。それは原体験として、独自の思想を生む源となる。

「かしこくなるということは物を考える力を持つことであると思う」（『民俗学の旅』）と宮本常一は言う。与えられた正しさに盲従するのではなく、その意味を疑い、正解のない問題についても自分で考える力を得ることが学びの本質だ。そのためには「周囲にあるものをよく理解し、同時に、もっと広い世界を知らなければならぬ」（同）のである。旅学とは体験から考える学問だ。

「旅で学んだことはまあ多すぎて言えないけど、いろんな情報に左右されるんじゃなくて、自分の見聞と、それまで机上で学んだことや先人の事跡をくっつけて、独自のものの見方ができるようになること、なれたかどうかは分からないけど、旅人の知性っていうのはそうあるべきだと思うに至った、ということだよね」（岡村隆）

また、一人で歩いていれば次の一歩をどう踏み出すか、すべてを即座に自己決定していくことになる。今夜はどこへ泊まるか、明日はどこへ向かうか、この路地を曲がるべきか、この水は飲めるか、食べてみてよいか、目の前にいる人物は何者か、信じるか否か……、旅は判断力を要求される場面の連続だ。未知の状況に対して、脳内の知識と経験を総動員して見極めていかなければならない。最悪の事態も予想し、結果を受けいれる覚悟を持って、決断する。

歩く旅は、自立した思考力、判断力、決断力を養う訓練となる。

## 視野の広がり

体験が増えれば視野が広がる。特に、海外へ出てみると顕著だ。異なる文化の常識に出会えば、世界を複眼的に見ることになる。

「歩幅六〇センチでテクテク歩く旅は、自動車の砂煙で鼻のあたりを真黒にしながら、イライラするほどのあせりがあっても、未知の地を歩き、未知の人を知り、未知のものに遭遇する楽しみがある。そして、こんな世界や考え方があったのかと驚き、びっくりしているうちに、ふと自分の見方考え方が違ってきていることに気づくのである」（相澤韶男『あるくみるきく』三号）

たとえば国際情勢や政治、経済に対する感覚も養われるだろう。

「外国旅行をすると貨幣に対して敏感になる」という相澤韶男が二十代のときに体感した為替の話は痛快だ。

「僕がヨーロッパに最初に行ったのは、一ドルが三六〇円ていう固定相場のときだった。こんなバカな制度あるか！　って腹立てて日本に帰ってきた。そのとき、『一ドルは二五〇円だ』って言っても誰にも相手にされなかったよ。だけど一人だけ『ちゃんと具体的に話せ、何を根拠にしてるんだ』って聞いてくれる紳士がいたから、喜んで話したんだよ。

『牛乳一リットルを飲むときの価値は、スウェーデンでもスペインでも同じでしょ、なのになんで値段が違うんですか。ハムでもチーズでも、これだけ値段が違う』と言って、つけていた小遣い帳をあげたら、『君ね、それ購買力平価っていうんだよ。外貨とその国の通貨の値を決めるとき問題にするんだよ。君よくそんなこと知らないで言ってるな、すごい話だぞ、一ドル二五〇円だってのは』と言われたのが、一九七一年の五月末。

その年の八月、何が起こったと思う？　ドルショックだ。八月末に、二五八円で落ち着いた。それで九月になって件の紳士が『相澤君、ご馳走するからおいで』って。ドルを全部売ったんだって。損しないで済んだ、感謝してるからこれでご馳走する、って渡された封筒には、二〇〇万円くらいかな、立つほどの札束が入ってたよ」

歩いて気づいた先見の明である。

一方で旅は、貧困、格差、紛争、差別、環境破壊など、我々がいまだに解決できずにいる世界規模の問題に直に触れ、目を開かれるきっかけともなる。日々の生活ではどこか遠い他人事のように思いがちであったとしても、熱帯雨林が伐採されたハゲ山を目の当たりにすれば、ニュースの画面で見るよりははるかに真剣に、地球上で今なにが起きているか実感せざるを得ない。それまで教わってきた観念がくつがえされ、自分たちの暮らしや未来を見直すこともあるだろう。

「たとえば『開発途上国』っていうのは、ものすごくいいかげんな、いんちきな言葉よね。開発途上っていう意味は、他の国みんなが日本になる、アメリカになる、という想定。で、日本では開発の結果、一ヶ月も休暇が取れない、過労で死んでしまう世の中になった。我々が旅に行くと、そうではない、いろいろ大変だけどもまあのんびりしていいじゃない、という生き方も学んで、感心する」（向後元彦）

同様に、南米から人類発祥の地アフリカへの「グレートジャーニー」を遂げた関野吉晴は現在、各地の先住民たちの暮らしをヒントにして、「地球永住計画」と題した話し合いを各分野の専門家と続けている。

旅で開発問題などの視点を得るのは実際、観文研の旅人に限った話ではない。筆者の友人でメーカー企業に勤めるT氏もまた、世界を旅してまわった結果、日本という国を外から顧みて考えている。

「みんな生活環境の向上、豊かな暮らしを目指しているわけだけど、日本にはそれをはき違えている人間が多いんじゃないか。便利な世の中はいいかもしれない。でも便利になりすぎてしまった挙げ句のデメリットがメタボリックシンドロームでもある。毎日歩いたり自転車に乗っていたらメタボにはならないでしょう。

科学の発達のしすぎは人間の怠慢を呼ぶ。欲求はエスカレートしていく。金を出せばこれだけのサービスはあたりまえだろってどこかで思ってしまっている。それが笑顔のある暮らしかどうかって、すごく疑問に思う。ニュージーランドなんか行くと店は五時に閉まってしまう。後は自分の時間をゆっくり過ごす。ラオスでもバナナを前におばちゃんが朝から座ってるんだけど、夕方になっても売れてない。

でもおばちゃんはニコニコしてるんだよね。それでつい話しかけちゃう。心のゆとりが違う。日本とどっちが豊かなのかなって。

もっと便利に、もっと快適に、って言うけど、豊かな暮らしって心の豊かさが一番なんじゃないの？　だったらこれ以上の便利さを求めるより、社会的生存の基準に達していない人間を助ける方がよっぽど人間的。食う物に困る人をいやってほど見てきたよ」

同じく友人で会計士のY氏は、就職前にユーラシア大陸を横断してこう語る。

「旅をしたのは、会計士の試験合格のご褒美としてでもあったし、学生の間は試験勉強ばかりだったから、このまま社会に出ていいのかなとも思って。やっぱり行ってすごく良かった。それまで日本のことしか見えてなかった気がするけど、世界全体の中の日本、地球全体の中で今自分がどこに立っているのか、実感が湧くようになりました。

旅先では一応見るものがあるところに行くけれども、実はそこで人と触れ合うことのほうが楽しいな、と思います。コミュニケーション取るのって現地に行かないとできないことなんで、それが旅の醍醐味だな、と。現地の生活を見てくることがすごく大事だと思っています。

現場を一度でも見ると全然違う。たとえば少数民族が暮らす場所を見てきた人って、自分がすごい権力を持っていたとしても、その場所をどかーんと開発してしまおうとは考えないと思うんですね。一回立ち止まって、あそこはこんなきれいな場所であんな動物がいて民宿のおじちゃんとおばちゃんが暮らしていたなって頭に浮かぶ。自分が開発計画の責任者だった場合に、ちょっと配慮すればお互い共存する形でできるものを、実際何も考えずにやってしまうことがあるのは、現地に対する理解が少しでもあるかないかという話だと思うんです。みんながそういう旅の経験をしておくのはすごく重要だろうなと思います」

Ｙ氏はその後、貧困国への貢献を理念とする社会的企業でキャリアを積んだ。

このような世界的視野をもたらす旅は、「持続可能な開発のための教育（ＥＳＤ）」だと言えるだろう。

## 無知の知

旅に出ると自らの知識不足が露呈する。広い世界に触れれば、いやでも自分の小ささや限界、不勉強が分かってしまうのだ。

「安い切符が手に入る、と決めてしまった今度の旅、ガイドブックに裏切られ、親切に助けられ、本当にトラブルが旅なのです。東南アジア。エキゾチックな南国ムード。でも、いざとなると知らなさすぎることに我ながらあきれる始末」（近山雅人『あるくみるきく』一二二号）

「半年の旅の結果、自覚したのは無知への恐怖だった。旅を計画した時、地球という星で最も大きい島のユーラシア大陸を一周したら、さぞ勉強になり知識も増えるだろうと考えていた。しかし横浜港出港前のその甘い考えはすぐに吹き飛んだ。期待した思いとは逆に、言葉の通じない旅の中で、自分の無知を思い知らされたのだ」（相澤韶男『美者たらんとす』）

社会、歴史、地理、政治、経済、自然、言語……、旅先の土地はもとより、自分の地元についてさえろくに知らないと気付き、恥ずかしくなることもある。

しかし知らないということは、知る喜びの始まりだ。

「僕らがあらためてその昔の博物学とか地理学だとかいうもののもっていた非常に広いトータルな興味を体験できるのは、旅の中にいま一番可能性が強く残っているのではないだろうか。つまり旅を本当に自分のものにしていこうと思うと、木の名前も知らなければならないし、もちろんその土地に住む人たちがどういう人かを知らなきゃあいけない。すべてそこから始まっていく。」(伊藤幸司『あるくみるきく』七〇号)

「無知の知」こそは学びの第一歩となる。

## 共生と平和

旅でさまざまな文化や民族、宗教、生き方の人々と出会えば、いわゆる異文化理解が進むことは言うまでもない。

「(…) 旅というものは知識欲のある人にもない人にも、それに応じた無形の利益を与えてくれるものである。(…) 旅の途上で会ったチェコ人の親切さや人の好さ、面白さなどを直接身に体験すると、そういう人達やその人達の住んでいる国のことに重大な関心をもつようになる。こういうことも、知識を広めたり深くしたりすることの大きな誘因になる」(吉沢一郎『あるくみるきく』三五号)

人は知らないものに対して恐れや不安を感じる。たとえばインターネットは便利だが、部屋から出ずに済んでしまうだけに、行動が狭まって考え方まで内向きになってきたりもする。挙げ句には、行ったこともない国や、会ったこともない人々の悪口を言い出す始末になりかねない。直に目で見て触れる旅は、不要な脅威、過剰な恐怖を取り除くのに役立つ。

「いい旅人は中央と地方を結ぶし、地方同士も結びます。今の日本の世情を考えても、いい旅人をつくっておかないと怖くてしょうがないという気がします。ネット右翼という人たちにしても、要は世間知らず。自分の目と感覚で摑んだ世界のイメージがあまりに欠如している」（宮本千晴）

柳田國男も若い頃に質素だが自由な一人旅をして、その経験をこう書き残した。

「旅行は幾分か気むつかしい私の気質を和げてくれたやうである。こんな人も居るあんな生活もあるといふことを少しづつ知って、思ふ通りに世の中がならなくても、喫驚をしなくなったのは有難い。日本人は最初赤い顔をしたのが悪人、もしくは悪人は赤い顔をして、是非出て来るといふ芝居ばかり見慣れて居た。それが実際では必ずしもさうで無く、何が何だかと時々考えるやうになって、急に出来るだけ多くの実例を知って見ようといふことになったのである」（田中正明編『柳田國男　私の歩んできた道』）

もちろん旅先では、困難に巻き込まれたり、盗難などの被害に遭うこともあるだろう。しかしその反面、いい人にも助けられるはずだ。見ず知らずの旅人に手を差しのべてくれる善意に接すると、腹の底から感謝が溢れてくるものだ。

出会ったばかりにもかかわらず助け合う不思議を、宮本常一は「相身互い」という言葉で解いた。

「見も知らぬ旅人の私を快くとめてくれたものは、いつの場合も「相見たがい」（原文ママ）の思想であった。くだいて言えば持ちつ持たれつということである。／「いつおまえの世話になるかもわからぬ、ならぬかもわからぬ。おまえがどこの馬の骨であってもかまわぬ。泥棒であってもかまわぬ。こまっている者をとめるのは相見たがいだ。」／といってとめてくれた宮崎県南郷村や高知県富山村の老人をいまでも思い出すことができる」（「生活とことば」『村の崩壊』）

観光とはエキゾチックな対象の消費だ、と言われることがある。しかし旅をするとむしろ、国や文化を超えた親しみや連帯感が見出されるのだ。

旅の出会いは、遠い土地や文化の異なる人々と感情的なつながりを築く。相手と会話を交わし、漠然とした「何々人」ではなく具体的な個人として顔を思い浮かべるから、心に残る。

「（…）そういうつながりが今の私たちの旅行からますます薄くなって、その分だけ旅も浅くなっているように思えてなりません。（…）旅をただ砂塵のように通りすぎるものでなく、その土地の人や物と心のかよいあうものにする方法や習慣を身につけたいものと思うのです」（宮本千晴『あるくみるきく』三六号）

人間として喜び、悲しみ、助け合う気持ちは同じだと感じたとき、遠くの人々も身近な友人のように大切に思える。すると、どこかで戦争や貧困に苦しめられている状況も他人事ではない。知り合った誰かの顔が浮かべば、自分との関連が生まれる。それは平和と博愛の意識へとつながっていく。

福島の三春人形などを訪ね歩いてきた西山妙は、次のように語っている。

「旅をしてとても変わったなあ、と思うのは、人が好きになったことです。どこでも行く先々で、暮らしぶりや風土を見て、ここに暮らす人々がみんな好きだわ、という実感が湧きました。

宮本先生も旅先の話をするとき、身内のことを話すような表情をされるんです。愛している、というのが分かる。以前の自分は、自分が付き合っている人たちだけを愛しているという感覚でした。どうして先生は他人のことをあんなに愛しているんだろうと不思議でしたが、旅を重ねて、実際に人と会って話をするうちに、先生の気持ちに近づいていく心地がしました。

たとえば福島の原発事故にしても、私の大事な人たちが……という感情がある。私の好きな人たちがひどい目に遭わされたのだ、と。たぶんそれは旅をしていたからでしょうね。幸せって何だろう、子どもたちに何を残せるんだろう、そう考えるようになりました」（西山妙）

人間の行動を変えるのは感情だという。生身の人間を知る旅は、これからの共生社会をつくる重要な鍵となるはずだ。

また、歩く旅とは持たない旅である。古来多くの文化や宗教で慣例化されてきた巡礼では、ほとんど身一つとなって歩く間に、金持ちは貧しい者、強者は弱者の立場を経験する。旅をする余裕のある者は旅に歩く義務があるという。旅を通して、人は境遇の異なる他者への想像力と謙虚さを学ぶのである。

## 革命

原体験と広い視野を得て、世の中や人の動きを感じ、自分がいかに知らないかを知ったとき、それまでの無関心が関心に変わることがある。それは一つの爆発的革命だ。何も無かったゼロから初めの一歩が生まれる変革への起爆剤が、旅には潜んでいるのではないだろうか。

一つは、自己革命だ。たとえば、語学が苦手だったとしても言葉ができないと困ると痛感し、また、旅先の相手ともっと喋れるようになりたい一心で、外国語を本気で勉強し始めることもあるだろう。あるいは、生き方を問い直して新たな挑戦に打ち出るかもしれない。

事務職員として観文研に勤めた西山妙にとって、一九六八年に姫田忠義、相澤韶男に同行して訪ねた佐渡は、初めての旅だった。

「緊張でガチガチでした。初日は小さなお堂に、一緒に行った姫田さん、相澤さんと川の字で寝ましたが、そういう経験も初めてです。農家でお風呂をもらうと、広い土間に置かれた風呂桶のまわりに何の囲いもない。当時の佐渡ではそれがあたりまえだったんです。ショックでした。

佐渡では畑の中に能舞台があって、農作業の合間に謡や仕舞をします。能とは高いチケットを買って見に行くものと思っていましたが、ここでは謡曲をうなる人が今もいらっしゃる。文化って何なんだろう、と考えさせられました。道端に腰を下ろしていると、ごめんなさいね、と言って通り過ぎる女の人のしぐさの美しさにも驚きました。私は小笠原流礼法を少々習っていたんですが、それとは違う自然な美しさなんです。

台地の集落の若者たちは柿の栽培での村おこしについて熱く語り合っていました。私と同年代の娘さんもいました。その存在感が凄いんです。『らちかん！』って娘さんがはっきりと言う。まずは行動しないと埒が明かない、という意味です。こういう女性っていいな、と眩しかった。私って何なんだろう、と思いました。

それに漁村では、同行した二人は水を得た魚のように写真を撮りながら炎天下をぐんぐん歩いて行って、嬉々として漁師さんに話を聞いている。好奇心のカタマリで疲れ知らず、まるで少年です。私は大謀網漁の船に乗せてもらえたものの手も足も出ませんでした。自分からは何も反応できない。情けなかったです。熱中症気味になって胃液を吐き、佐渡の海岸を歩きながら泣きました。旅から帰ってきて、所長の宮本常一先生に、歩きたいとお願いしたんです。私も、歩きたい、と」(西山妙)

やがて結婚を機に事務局を退いた後の西山妙は、『あるくみるきく』のレイアウトを主に担当しながら、その傍らで福島の三春人形ほか、モノづくりの職人を訪ね歩くようになった。「技の妙と合理性と職人の心根に触れるのは喜びだった」という。また、子どもの伝統行事にも目を向けた。年長者が仕切る下でそれぞれが自分の役を務めていくなか、行事の前と後で子どもが何か違って見えるのだという。そうした旅の記録はいずれも『あるくみるきく』に掲載された。その記事が縁で、外部からの取材の仕事にもつながり、精力的に活動の範囲は広がっていった。

西山妙氏(1968年)

あるいは、社会にうねりをもたらすような革命もある。ちょうど観文研設立に少し先んじた頃、世界を歩いて『何でも見てやろう』を著した小田実が、その後ベトナム戦争に対して平和運動を展開していくのは、その顕著な一例だろう。歴史を振り返れば、ブッダもガンディーもチェ・ゲバラも、旅をして目覚めた革命家なのである。

アフリカから世界に広がった人類も、大航海時代の船乗りもまた、広義の旅人といえる。「だから旅の効用の中には、自分が学ぶだけじゃなくて、大げさな言い方をすると、さらに人類史に影響することもある」（向後元彦）

宮本常一は地域変革の希望を、ふらりと旅をする風来坊、すなわち「無用の徒」に託した。「無用の徒が、もっともっと地方をぶらぶら歩き廻るということが、結局地方の皆さんの自立性を打ち立てる基になるのじゃないかと思うのであります」（「社会開発の諸問題」『日本の中央と地方』）「このような風来坊が僻地の村々に文化の光をあて、他の地方の情報をもたらした功績は大きかった」（『旅にまなぶ』）とたび語っている。風来坊とは宮本常一自身のことでもあっただろう。観文研の旅人たちも、江戸時代の松尾芭蕉も菅江真澄も、「風来坊の伝統」の流れに挙げられる。

風来坊が生まれるのは「一口に言ってその生きて来た社会に容れられないというか、そこで生きてゆく上に息苦しいものをおぼえたことが一番大きな原因になっているように思う」（『旅にまなぶ』）とも宮本常一は記す。息苦しい社会から抜け出した者も、優れた何かを持ち、それが他の社会に刺激を与えるというのだ。映画「男はつらいよ」のフーテンの寅さんのようだ。風来坊は、閉塞や停滞の空気を変え、次なる物語のきっかけとなり得るのである。

## 心身の再生

旅には、既存の地位や属性から離れ、何者でもないまっさらな自分に戻る作用がある。

たとえばリュックサック一つに質素な身なりで歩いているとき、渋沢敬三が大蔵大臣であっても、宮本常一が大学教授であっても、周囲が知る由はない。社会的にどんな高い地位にあろうとも、その逆であっても、身一つで歩けば誰もが対等となる。こうした旅は、仕事上の役職からも、家庭での役割からも離れ、外見や肩書で判断されない素の自分自身と向き合う時間だ。

文化人類学者のヴィクター・W・ターナーは、このように人々が匿名で平等な状態をラテン語で「コムニタス」と名付けた。ターナーによると、序列や身分が硬直した社会生活はやがて疲弊していくが、定期的にコムニタスに浸ることで、活力を取り戻す。通過儀礼として行われる巡礼の旅は、社会から一旦離脱し、コムニタスを経て、新しい自分として社会に帰還するシステムとして機能してきたという。

このとき、旅は旅でも、既存の人間関係をそのまま移動させる修学旅行や社員旅行では、コムニタスの効果は得られないだろう。権威や地位にもとづく視察や調査旅行も同様だ。重要なのはあくまで肩書のない平等な場である。

その意味では、かつての旅にかわり、現代ではインターネットの世界がコムニタスの機能を果たしているとも考えられよう。インターネットの中では実名や職業を明かす必要がなく、外見や年齢も問わない。基本は匿名で平等である。人はその中でありのままの自分を解放し、再び社会生活へ戻る活力を得ているのかもしれない。

しかし、インターネットでは回復が及ばない面がある。身体感覚だ。

旅では、荷を背負い、歩くことで、足腰の筋肉や自律神経が鍛えられる。冷たい水を浴びたり、熱砂に焼かれたり、電気がなく闇を味わうこともある。足を使って歩き続けていると、やがて五感が研ぎ澄まされ、身体の奥から潜在能力が目覚めるかのような感覚が湧くことすらある。歩く旅は体育である。その刺激と清々しさは、サウナで汗を流す爽快感にも似ている。

「重い荷を背中からおろした後には身が軽くなって速く歩けるようになるものだが、それよりも呼吸が足の動きにぴったりと合って体調が整ったのではなかったかと思った」（須藤功『あるくみるきく』一七六号）とは、多くの歩く旅人たちが得る実感だろう。

また、旅先では偶然の扉が開くかのように、日常生活で忘れていた美しい朝陽や夕焼けに包まれたり、列車やバイクで走りながら風の中に溶け込むこともある。

「本当にその場かぎり、同じところで同じことをしてもその旅は一度だけ。これを奇跡といわずしてなんと呼ぶか。そういう瞬間がある。だから旅はやめられない」（白根全「地平線報告会」二〇一七年九月二十二日）

その時、その瞬間、その場に全神経が集中する。それは一種のマインドフルネスである。動きながら無我に至る「動禅」ともいえる。

こうした感覚に浸る旅から帰ってくると、身も心も一期一会の奇跡に浄化され、凝り固まった雑念が落ち、一皮むけたように引き締まっているものだ。

現代の日本社会では至るところエアコンの効いた部屋や車内、デジタルやバーチャルな環境に囲まれ、五感や自律神経は狂いがちだ。便利で快適な生活をあえて脱する旅を見直したい。

一九世紀末にドイツで始まったワンダーフォーゲルや一九六〇年代のアメリカに起こったヒッピームーブメントでは、工業化、近代化、都市化への反動から、自然回帰をうたい、徒歩旅行や放浪が求められた。それは五感への渇望であり、なまなましい「生」への希求であり、簡素で原始的な人間性の回復を意味する。今日でもバックパッカーといわれるような旅人たちが欧米や日本などの工業国を中心に発するのは、経済的な豊かさのためだけでなく、身体感覚の欠乏とも無縁ではないだろう。

現代社会では、ストレスで心を病む人も後を絶たない。疲弊したまま離脱を許されないとしたら無理もない。自分を取り戻す時間は急務である。旅する力は生きる力だ。旅は心身を整え、すり減った生命力を蘇らせてくれるだろう。

## 郷土の再評価

人は旅をするほどに、かえって郷里や自国を振り返り始めるようだ。旅学は郷土学に帰結する。郷土学とは、郷土に関心を持ち、望ましい地域の在り方を考えることだといえる。

上京して旅に歩いたのち、岡山で実家の神主を継いだ神崎宣武は振り返る。

「よその地方のこと語るのに自分の田舎が処理できてないのに、生意気なことは言えない。やっぱり田舎というのは、一つのモノサシにはなるんだね」

後述する「ＮＰＯ法人周防大島郷土大学」に関わってきた山根耕治は現在、周防大島で実家のミカン農業を継ぎつつ、町会議員としても島の将来に思いを巡らせている。

「三十歳前後の五年間くらい、東京に住んでいました。一度島の外に出て帰ってくると、周防大島がいい景色だなあと気づいたんです。ずっと島に住んでいた頃は、早く出ていきたかった。でも瀬戸内海は世界中で似ているところがあまりない、稀有な景色だと思うようになりました。

似ているといえば、以前旅したイギリスの湖水地方ですね。水があって緑があって、落ち着きます。その景色の中に浸りたくて人が訪れます。周防大島もそういうふうに、一週間、一ヶ月とゆったり滞在してもらえる島にしたいですね。イギリスの湖水地方はナショナル・トラストが管理して守っています。参考のため、周防大島の観光協会の人たちとも、一度湖水地方に行ってみようと話をしています」

外の世界に出てみると、実はすぐそばにあった良さを新鮮な目で見直すことができる。メーテルリンクの名作に倣うならば「青い鳥効果」とでも呼ぶべき再発見だ。

山根耕治の実践は、ある土地で良い仕組みを学んで地元や他の土地に伝える、宮本常一流「伝書バト」の旅でもある。

「たとえば、イギリスではチャールズ皇太子がオーガニックフードの会社をつくっています。放っておくと外国の農産物に押されてしまうので、イギリスの農業を守っていくためにはオーガニックの付加価値しかないという考えです。日本もこれからヨーロッパ市場などに売り込んでいく上で、オーガニック農業に目を向けるべきでしょう。

日本の農家は今まで、農協に言われたものを作るだけでした。本来ならばマーケティングはすごく大事なのに、お客さんが何を欲しいかという話が入ってこないし、聞きにも行かない。その点では、ずっと農業をしていた人より、新しく就農してきた人のほうが熱心です。農業一筋だった人も、農薬がないとできないと頭ごなしに決め付けず、一旦新しい意見も受けとめてみることが大事ではないでしょうか」

旅人の目は、良さと同時に問題も見出す。

たとえば、昭和中頃までの日本はどこへ行っても面白かったが、今は同じような量販店が並び、地方の道は車ばかりで人が歩いていない、という指摘もある。

「旅は今、海外のほうが魅力あるよね。なぜかと言ったら、日本の国内は均一化したでしょ。どこの漁村に行っても地域差がなくなりつつあるんですよねえ。海外はまだバリエーションがあるわけです。これは面白い」（森本孝）

「いま地方都市の駅前はどこも金貸業者の看板ばっかりで、駅名を見なければその土地が証明できない。それに（故郷の）水戸なんて街全体が駐車場みたいだよ」（相澤韶男）

ある面では、均一化とは地方と大都市との差が縮まることであり、歓迎すべき変化なのかもしれない。しかし長い年月に人と自然が培ってきた固有の風景は、かけがえのない財産でもある。よその良いものを取り入れ、改善すべき点を見直す。旅を通して未来を考える郷土学は、豊かで多様な風土を描いていくのに貢献することだろう。

## 社会教育と生涯学習

これまで述べてきたような旅学とは、楽しんで学べる自己教育であり、年齢を問わない社会教育の一つである。

「僕らは学校の勉強しなかったけど、まさに旅をして、人生をやってるわけね。たとえば友人に面白いお孫さんがいて、彼は十三歳くらいでアメリカに行ったり、夏休みじゃなくても僕たち（向後夫妻）と一緒にペルーに来て、地元の子どもたちと仲良くなって一緒にサッカーをしたりしている。つまり、中学生が一ヶ月くらい学校をさぼっているんです。これがとても良いことに、校長先生が『行ってらっしゃい』と言ってくれたそうです。話を聞くと、朝誰よりも早く来て掃除をしているような熱心な校長先生で、とても生徒思いで、否定するんじゃなくて肯定してくれる。教育論として、学校の勉強はしなくても、好きでやってることを否定しないのね。

僕の時もそうだったけど、世話になった先生は、その分野については何にも分からなくても、僕が面白がってることについてはまったく否定しないで、一〇〇％応援してくれた」（向後元彦）

学校の勉強だけが教育のすべてではない、と伺える話である。

しかし日本の現状は、学歴信仰をはじめ、部活や生活指導まで面倒を見る教師の負担超過など、とかく学校教育に偏重しすぎてはいないだろうか。

宮本常一は近代日本の学校教育について、いくつかの問題点を指摘していた。

第一に、学校教育が拡充するにつれ、従来の家庭教育や社会教育が軽視されるようになったことだ。

第二に、学校に行けない者、行かない者に対する教育機会の不平等である。障がいや病気、家庭の無理解、経済的事情などで、登校や進学ができない子どもがいるからだ。今日なお経済格差が教育格差となっている。また、いじめ等で学校から離れる子どもは少なくない。

第三に、学校教育による地方から都市部への人材流出である。地方の優秀な若者は高等教育を受けるために都市へ出ると、卒業後も地元へ帰らずそのまま都市にとどまる。教育投資は地方へ還元されず、学校教育が人材や資本の中央集中化を加速しているという。

第四に、画一的な思想統制についてである。宮本常一は各地でお年寄りと話すうちに、明治に学校教育が広まる以前と以後での変容に気付いた。たとえば学校教育は「村の生活を野卑なもののわるいものとして指導」し、方言や盆踊りを禁止した（『日本の子供たち』『日本の子供たち・海をひらいた人びと』）。その結果、言いつけをよく守った村ほど昔の言葉や踊りは失われていたという。また、学校で国家主義教育を植え付けられるまでは「忠義だの愛国だのということば」もきいたことがほとんどなかった（『生活とことば』『村の崩壊』）。中央の教育は、地方の人々の口調までをも一変させるほどの強制力を持っていた。

第五に、教室で教師から生徒へと一方的に知識を与える、受動的な学びの在り方についてだ。近年の学校教育では、より自発的な学習（アクティブ・ラーニング）への取り組みが注目されてきている。しかし依然として、学校や教師が正解を規定し、一定の「正しさ」や「普通」の基準にはまらない生徒の特性は「問題」や「障がい」とみなされる傾向がないだろうか。

とはいえ、宮本常一は学校教育そのものを否定しているのではない。学校教育普及の恩恵を認めながらも、それだけで教育が完成するものではないと考え、家庭教育、職業教育、社会教育もまた尊重すべきだと論じている。学校教育を完璧にするのではなく、学校教育を相対化して、複合的な教育の充実を目指したのである。

そこで、地方には「生涯教育の場を作るということをまず考えねばならぬ。それも官僚的なものであってはならぬ。自分たちの住む世界をどうしてゆけばよくなるかをじっくり考えたり、勉強したり、交歓しあったりする場である」（「村、ゆれ動く」『日本を思う』）とうったえた。

そのような教育の実現に向け、地域で学び会える場として宮本常一が郷里に立ち上げたのが、市民講座「周防大島郷土大学」である。「大学」と名付けたのは、義務教育のような「規格品」の教育ではなく、講師がより自由に思想を述べ、学生が自主的に学び取る大学のような場を目指したためだった。

観文研での旅を通した社会教育もまた、その一つである。年齢や所属を問わず、歩いて学ぶ、地域に生きる人に学ぶ、異国の暮らしに学ぶ。それは自発的で多様な非文字の学びだ。

大学卒業後、瀬戸内を中心に町並みや古民家の記録を取り歩いてきた谷沢明は語る。

「ああ、別に学生じゃなくてもいいんだ、真剣にやりさえすれば、地域の方たちは必ず受け入れてく

周防大島郷土大学の講義風景（2014年）

れる、そう思いました。一回一回が地域の方たちとの真剣勝負なんですね」

本来、学びは十代や二十代で学校を卒業して終わりになるものではない。むしろ年齢を重ねてさらに味わい深くなるはずだ。旅は、いつでも、何度でも学び続けられる生涯学習の方法である。

# 旅ができる社会へ

日本では江戸時代頃まで、巡礼（寺社参詣）という名目で一ヶ月ほどの旅に出るのはあたりまえだった。「伊勢へ七度、熊野へ三度」というように、老若男女問わず何度も旅をするのは珍しくない。旅の学びの効果を誰もが実感していたゆえに、「旅ができる社会的環境があった」（『旅と観光』）と宮本常一は記す。

それは一つは旅人を受け入れてくれる社会がそこにあったのであるが、旅行の設備や機関がととのってくるにつれて、民衆が民衆に接し、まなぶ機会が失われてくるとともに、知識をもとめ、伝達し、自己形成のために役立てようとした旅から、単なる娯楽への旅が展開してくる。それでもなお旅に出て自分のいままでの生活の中にないものを得ようとする気持はつよい。（『旅にまなぶ』）

昔も今も人は旅を求めている。しかし不思議なことに、江戸時代より経済的に豊かになったはずの今日、一般的には長旅が難しくなったようだ。

ここでは、誰でも旅ができる社会的環境への課題と方法を考えてみたい。

## お金の問題

旅をするにはまずお金が要る。ところが江戸時代には、旅はいわば義務教育の一環であり、巡礼と称すれば少年少女は無一文でも旅ができたという。道中で人々が路銭を恵んでくれたからである。大人たちも村中で積み立てをして順番に参拝の旅に出た（参拝講）。宮本常一いわく、旅が「楽にできるというのは交通機関がととのっているからという意味ではない。そういうものがなくても、人が人を信頼し、助けあうならば旅はできる。しかも金をもたなくてもできる旅があった。そのことが富めるものばかりでなく、まずしいものをも旅にさそい出した。だから、まずしいから旅に出られないというなげきを持つものは少なかった」（「はじめに」『旅の発見』）という時代だった。

今では出張などを除くと、旅は金銭的に余裕がある場合の贅沢とみなされるだろう。それでも昭和のバブルの頃は、日雇いのアルバイトでも旅ができるくらいに稼げたようだ。

ところが現在、非正規雇用では格差が広がり、生活は苦しくなるばかりだ。将来の見通しは暗く、旅どころではない。せいぜい格安ツアーでお土産屋を連れ回されながら慌ただしく行って帰るくらいとなる。旅行会社にはスタディツアーなどのプランも用意されているが、軒並み割高である。そうした旅行商品はそれだけの代金を払える人たち専用なのである。

ただ、一昔前に比べると、お金をかけずに歩く旅への追い風もある。

たとえば、国内では比較的安価なゲストハウスが増加してきた。

日本で宿泊施設といえばホテルや旅館、民宿などであり、いずれも一泊二食付きの料金が一般的だ。

素泊まりに比べて費用は上がりがちである。都市部には素泊まり可能なビジネスホテルやインターネットカフェもあるものの、全国どこでも変わりばえせず、良くも悪くも孤立したまま宿泊が完結するため、旅としては少々味気ない。かつてはユースホステルが歩く旅人たちを受け入れていたが、日本での流行は下火になり、施設数が激減した。

そのかわり登場したのが、素泊まりやドミトリー（相部屋）を基本とした新しいタイプのゲストハウスである。古民家や廃校を活用した宿、宿泊者同士の交流が盛んな宿など、それぞれに特徴がある場合も多い。

また、世界的に見るとエアビーアンドビー（AirBnB）やカウチサーフィンといった民泊サービスが誕生し、ホテルより割安もしくは無料で、土地の暮らしに触れられる旅が広まった。

航空券に関しては、格安のＬＣＣ（ロー・コスト・キャリア）が海外渡航をより身近にした。国内の列車では、おなじみの青春18きっぷも健在である。

方法次第では、自分の懐具合に応じて歩く旅は不可能ではない。

しかしＬＣＣや青春18きっぷを使って乗り継ぐなど、低予算の旅は時間がかかる。オンシーズンには、格安航空券であっても料金が高騰する。手頃な宿もすぐ満室となり、高額な部屋しか取れない場合もあるだろう。

問題はむしろ、時間と時期である。

## 時間の問題

働いていると、休暇といっても盆暮れのピーク時に一週間程度、それすら取りづらいという場合も少なくない。旅もその範囲内で、近場へのプチ旅行や弾丸ツアーといった類が主になるだろう。

社会人だけでなく、金はなくとも暇はあると思われていた学生ですら、今や長期休暇も就職活動やインターンシップ、学費や生活費のためのアルバイトで忙しく、まとまった時間を取るのは難しい。

このような状況では、世界を自分の足でゆっくり見て歩くような旅は、ほとんどの人にとって縁遠いものとなる。若者の旅行離れなどと言われるが、お金や時間があれば旅行をしたいと答える人は多い。たとえ行きたくても行けないのが実情ではないだろうか。

あるいは、もし旅がゲームなど他の楽しみと比べて魅力に欠けると考えられているならば、慌ただしい駆け足旅行や予定調和のパッケージツアーで、さっと観光地をまわるだけでさほど感動せず帰ってきてしまい、お金と時間をかけてわざわざ出かけるほどのこともない、と思われているためかもしれない。

大学などで若者と接している人々いわく、実際、海外にも旅にも興味がない人が多い印象はあるという。岡村隆は次のように語る。

「行ってみても、琴線に触れないんだね。たとえば私も旅行業界の仕事であちこち外国に行きましたが、それは旅行という商品を売るためのプロモーションであって、旅じゃないな、と気づくわけですね。

旅の醍醐味を味わうには、まずは現場の環境に慣れて、楽しめるようになるまで、やっぱりそこで過ごすある一定の期間が必要だという気がするんです。今の学生は夏休みでも余裕がなくてね、遺跡探査でも、町でいろいろ準備をして、実際現場に入るのは二週間程度なんですね。それではとても感性を発露するところまでいかないで、作業をしに行って帰ってくるだけになってしまう。それじゃあだんだん参加する人が少なくなるの、分かるよなあ……」

古語で長旅のことを「真旅」というが、多くは真旅を知らないまま過ごしているのかもしれない。時差ぼけが治ったと思ったら帰るような行程では、異境の空気に馴染み、リズムに調和し、感じた気配がじわじわと身内に染みとおる隙がない。旅のフロー状態に至るには、急かされない時間的余裕が必要だ。しかし学生の時から忙しい上に、就職すればお金は稼げてもさらに時間がない。かといって辞めてしまえば、時間はあってもお金がない。

旅につきまとうのは、時間とお金の反比例現象であり、働き方の問題である。

## 一生旅を続ける方法

観文研界隈で旅歩きを続けている人には、ライター、編集者など、フリーランスや起業で独立している例が多い。就職先としては、比較的長期休みが取れる学校の教員をはじめ、再就職しやすい介護士や看護師といった医療系も聞かれる。こうした資格や技術を計画的に身につけておくと、生涯の旅と仕事の両立は現実味を持つだろう。

相澤韶男の場合、初海外であったユーラシア大陸一人旅ではアルバイトで貯めた一〇〇〇ドルで食いつないだ。二度目の北南米は結婚式で集まったご祝儀すべてを資金として、新婚旅行で北南米を歩いた。

三度目は武蔵野美大の大学教員となって一〇年勤めたときにもらえた一年間の有給休暇で、「大学から三百万だか四百万円だか出たのを旅費にして、家族で東欧を車でまわった」と言う。

「旅をしたいなら、そういうふうにまとめて我慢して働くとご褒美が出る会社に勤めることだよ。その意味では大学っていうのはありがたい場所で、夏、冬、春と、わりと自由な時間がある。今は大学の先生もだんだん時間がなくなってきているけどね」(相澤韶男)

しかし、「もっとはっきりしたことを言おう」と相澤韶男は続ける。

「今まで稼いだ金を貯めて、金融で稼ぐことだよ。自分が応援したいと思う会社の株を買って、その株の差益で旅をしたらよろしい。それが渋沢栄一の教えであり、延々と明治以来つながっている経済発展の道筋ですよ。

若い人には最初は無理だよ。でも耐え忍んで一生懸命コツコツ貯金すればいつかは貯まりますよ。で、百万円くらいから始めればいいんですよ。それしかないでしょう!」

応援したい会社に投資し、得た利益で旅をする。「日本資本主義の父」渋沢栄一から、旅人・渋沢敬三へと通ずる道だ。渋沢敬三や宮本常一もまた、近代資本主義の恩恵をもって、その背後の社会を見ようとする旅をしたことは興味深い。

投資は利益を生むまでには長い努力が必要だが、職業を問わずできる方法ではある。

一方、投資をするのではなく、させる考えもある。

観文研のAMKAS関係者と親交のあった恵谷治は、早稲田大学探検部出身のジャーナリストだ。フリーランスで単身、チェルノブイリ原発事故の直後に現場付近に駆けつけたり、アフガニスタンの紛争地域にゲリラとともに分け入るなど、体当たりの取材を重ねてきた。北朝鮮問題の専門家としても知られる。

惜しくも二〇一八年に他界された恵谷治の生き様を、三輪主彦はこう伝える。

「早大探検部の後輩が『どうしたら恵谷さんみたいに旅ができるんですか』って聞いたわけ。恵谷さんが『どうすればできると思ってんだ』って言うと、学生は『一流会社に入ってお金を貯めて休暇を取って行きます』って。『そんなことしてたらいつまでたっても行けねえよ』と返すと、『恵谷さんはお金持ちなんですか』。『馬鹿野郎、お金なんかあるわけねえじゃねえか』。

たしかにね、お金なんて全然なかった。だけど奥さんも子どももいたんですよ。だから友達連中が支援していたりもしました。

恵谷さんにとっては、アフガンのゲリラに入って一緒に活動することは自分の使命だから、やらなきゃいけない。結果として、恵谷さんは世界的権威になったじゃないですか。つまり、本気になればできるという手本です」

マングローブ植林の世界的研究者となった向後元彦も、同様の手本として三輪主彦は挙げる。恵谷治も向後元彦も、周囲からの投資を得て旅を仕事に昇華させ、社会的意義のある成果によって返したのである。稀有な手本ではある。

しかし、投資するのもされるのも、誰でも成功できるわけではない。

結局、旅は資産や能力に恵まれた一部の人々の特権に過ぎないのだろうか。

## 休暇制度の見直し

「やっぱり、なんで気軽に旅ができないのか本気になって考えてみることです。国によっては一ヶ月の休暇が普通なわけです。日本では二週間の休暇もなかなか取れないし、一週間や一〇日でも大変な人が多いでしょう。これは社会問題になってきます。旅ができないというだけではなくて、休暇が取れないということは、社会がどこかおかしいんじゃないかって」（向後元彦）

「本当に、その問題はずっと前からありますね。休暇が取れなきゃどうしようもない。ワークライフバランスって言われるけど、働く人はもう過労死するほど働かなきゃいけなくて、働かないと今度は収入がなくて。ヨーロッパでは長期のバカンスを取りますけど、なんでヨーロッパではできて日本ではできないのかな、って。でもだんだん、祝日を移動して三連休にしようとか、少しずつ変わってきてはいますね」（向後紀代美）

旅を阻む問題は、労働と生活がアンバランスな社会の病理に根ざしている。

ここでは解決に向けて二つのポイントを提示したい。

一つは、有休完全消化の徹底である。日本では労働基準法でフルタイムの労働者に対し年に一〇日から二〇日の有給休暇が付与される。一〇〇パーセント取得すれば、週末と合わせて二週間から一ヶ月の休暇も可能なはずだ。ところが「職場の状況を気にしすぎるあまり休暇を取りにくい」「緊急時のために取っておく」「仕事する気がないと思われたくない」などのためらいがあり、「有給休暇の取得に罪悪感がある」と答えた人の割合は五八パーセントに上る（二〇一八年エクスペディア・ジャパン調査）。取得率は五〇パーセントにとどまり、世界一九ヶ国中で三年連続最下位だという。恵まれた制度はあっても、本来の休暇をまっとうできないのだ。

一方、ブラジル、フランス、スペイン、ドイツなどは三十日の有給休暇を一〇〇パーセント消化できている。しかもフランスやドイツの一人あたりのＧＤＰは日本を上まわる（二〇一九年）。なぜこのような差が生まれるのだろうか。

その一因は、仕事の進め方にある。きちんと休める職場では、最初から全員が長期休暇を取るのを前提とし、その上で業務の分担体勢を整えているのだ。休暇取得はお互い様という意識も共有されている。日本では二〇一九年から、会社側は年間十日以上の有休があるすべての労働者に最低五日の有休を消化させることが義務付けられた。今後の改善が期待されるが、実現には現場の業務体勢と意識の変化が重要である。

二つ目は、休暇時期の分散だ。

多くの職場では、夏のお盆や年末年始を休暇とする。また、国として大型連休や祝日を設けて休日を増やす政策が取られている。しかしこの場合、全国一斉に休みとなるため、旅やレジャーにしても料金が高騰する上、どこも怒涛の混雑であり、ゆっくりするどころか、かえって疲れに行くようなことになる。

交通や宿泊などの受け入れ側は、ピーク時には普段の数倍の対応に忙殺され、サービスも行き届かないだけでなく、売り切れや満室により客を逃すことにもなる。一方、オフシーズンには売り上げが伸びない。

ここでもアンバランスが生じているのである。

休暇時期を分散し、ピークをなくして平均化することで、休暇を取る側は手頃な料金でのんびりでき、受け入れ側は年間を通して売り上げや対応が安定し、両者にとって利点が多いはずだ。

また、ばらばらとこまぎれの休日だけでなく、まとまった長期休暇を可能とすることが求められる。それにより、遠い外国へも出かけられるようになる。のみならず、とことん趣味に打ち込んだり、興味のある学校に通ったりすることもできる。

「余暇」という概念は、ギリシャ語のスコレー（schole）を語源としており、school（学校）やscholar（学者）と同根だという。いわく、「余暇とは、自己の教養を高める活動を意味し、生活の創造、生きがいの追求を目的としている。余暇とは、本来的に、自己実現を志向する多分に精神的なものが含まれており、他人から拘束されない「ゆとりの時間、自由な時間」をいう」。余暇は無駄に余った時間ではなく、積極的に取るべき「学び、教養という意味が含まれている」（山上徹・堀野正人編『ホスピタリティ・観光事典』）のだ。

普段と異なる世界と触れ合うならば、それは何であれ広義の旅といえよう。そうして日頃の疲労を解消し、仕事から離れた頭になれば、新たな発想も生まれやすい。しっかり充電するからこそまた働けるのだ。

雇用の正規・非正規や貧富の差を問わず、休暇をまっとうできる社会環境づくりは優先課題として認識したい。

## 多様なキャリアコース

一九七〇年代に行われた観文研の「ＡＭＫＡＳ探検学校」では、ほとんどの会社員が退職して参加していた。半世紀経った現在でも、一ヶ月以上の旅に出ようと思えば、会社を辞めざるを得ない人が大半だろう。

しかし一旦辞めてしまうと、年齢が上がるにつれ再就職の道は厳しくなる。

インターネットが普及した今日では、旅をしながら仕事をする、いわゆるノマドワーカーも増えてきた。ライターやプログラマー、ウェブデザイナーのほか、広告収入を得るユーチューバーやブログのアフィリエイターも人気だ。とはいえ、充分な収入を得ている人は一握りに過ぎない。また、会社員の間でもリモートワークが広まりつつあるが、職種や職場はいまだ限定的である。

そこで、季節労働を渡り歩いたり、派遣やアルバイトで生活をつなぐ旅人もいるが、短期契約や末端の仕事を重ねるばかりではキャリアとしてステップアップできず、いつまでも低賃金に甘んじるしかない。そのうちに年齢が上がれば正規雇用の道には戻りづらくなる。こうして、旅をするほどに社会の外れをさまよう永遠の旅人となっていくのだ。定住して定職を持つ人が多数派の社会において、こうした現代の遍歴民は生き方が理解されず、経済基盤も不安定な弱者になってしまいかねない。

しかしながら本書では、旅がもたらす効用や、才能豊かな旅人たちを紹介してきた。その特性を活かすことができれば職場や社会においても有益なはずだ。

そこで次の三点を提案したい。

一つは、求人における年齢制限の撤廃である。法律上は二〇〇七年から年齢制限が禁止されているが、いまだに応募条件には年齢が提示され、市販の履歴書には生年月日の記入欄がある。たとえ記載がなくても、雇用側が就職エージェントに口頭で年齢を確かめているのが実情だ。

北米では法律で年齢差別が禁止されており、求職書類に生年月日を書かないのはもちろん、尋ねるのも違反となる。実際、年齢はそこまで気にされないと聞く。日本でも、どれほど経験や意欲があっても応募の機会すら奪う年齢差別をなくすことで、より流動的で活発なマッチングを推進したい。

二つ目に、新卒一斉採用の廃止である。既卒者の就職を不利にさせる制度は多様な人材の活躍を阻む。学生も在学中から就職活動に追われると、旅どころか本分である学業にすら注力できない有様だ。一度「新卒」というブランドを逃して「既卒」になってしまうと途端に選択の幅が狭まるため、在学中に就職が決まらなければもう一年学費を払って留年する人までいる。そうして卒業すれば間髪入れず仕事が始まり、退職するまで自由な期間は持てなくなる。

そのため三つ目に望まれるのが、サバティカルイヤーやギャップイヤーの導入だ。サバティカルイヤーは、職場で長期勤続者に与えられる、一ヶ月から一年に及ぶ長期休暇である。ギャップイヤーとは、高校卒業から進学までの間、あるいは学校卒業から就職までの間などに設ける、一年ほどの猶予期間を言う。浪人との違いは、試験合格後に入学延期制度などを利用するため、受験勉強のない自由時間であることだ。

ギャップイヤーはイギリスを起源としていくつかの国々で広まっている。猶予期間中は主に、旅やボランティアなどに充てられる。国際交流や社会活動の経験が成長を促す、学業や仕事に対する目的意識がはっきりする、といった効果があると言われている。日本ではまだ少数だが、東京大学では入学後の学生が一年間休学できる制度を二〇一三年に開始したほか、二〇一五年からは全国一二校でも導入された。

学校をストレートに卒業し、ストレートに就職するだけが正解ではない。就職では履歴書に空白期間があるだけでマイナス印象となる傾向があるが、学校や仕事の経歴以外にも、さまざまな体験の価値を見出す姿勢が望まれる。そのためには評価する採用者側もまた、仕事だけでなくさまざまな人生を経験しておかなければならない。

これらの方策は、旅の効用と仕事を両立させ、社会的にも意義深いはずだ。

旅に限らず、育児、留学、病気、引きこもりなど、さまざまな事情で離脱しても再起可能な社会は、誰にとっても生きやすい社会ではないだろうか。寄り道ができる社会こそ、多様な人生を包みこむ豊かな社会ではないだろうか。

## 通過儀礼の復活

実のところ、世の中の人は旅好きばかりではない。住み慣れた場所を離れるのがどうしても苦手な人もいるだろう。それを無理やり連れ出すのは横暴だ。

だが、単に機会を持たなかったばかりに、歩く旅を知らず、海外にも出たことがないまま籠もっている場合もあるのではないだろうか。できるならば、人生で一度は自分で歩く旅を試してみる価値はある。そこで提唱したいのが、通過儀礼としての旅の復活だ。

先に述べたように、日本にはかつて、誰もが少なくとも一生に一度は長旅をする文化があった。タテマエは信仰を掲げた巡礼だが、本当の目的は諸国を見歩く旅そのものである。自分の生活圏を出て異境に在る経験は成長に必要であり、ものの見方に大きな影響を与えるからこそ、旅をしないと一人前とみなされなかったのだ。江戸の世では、少年少女が家や奉公先を抜けて伊勢参りに出ることは、表向きは為政者によって禁止されたが、民衆社会では暗黙の了解だった。「子供が抜参りをしそうだと察すると、親はさりげなく着物を用意したり、小銭を置いたり」したという（金森敦子『伊勢詣と江戸の旅』）。商家の丁稚は「戻ってくれれば主人に叱られはするが、解雇されることはなかった」（同）。むしろ「小僧を処罰した主人が神罰を受けたというたぐいの話が各地に伝えられ、多くの書物にも書かれている」（岩井宏實『旅の民俗誌』）という。子どもたちは着のみ着のままで抜け出したが、道中の大人たちが食べ物や宿を与えた。旅はそれほど重要と認められていたのだ。

しかし徒歩による伊勢参りは、明治に入り鉄道が通ると次第に廃れていく。かわりに登場したのが学校教育における修学旅行である。

今日、生徒たちにとって修学旅行の意味は、何より級友との楽しい思い出づくりにあるだろう。もちろん友人とのかけがえのない時間は大切だ。しかし、貸し切りバスに隔離された道中は外部との接触に乏しい。また、修学旅行最大の教育目的は、規律化された集団行動の練習である。それゆえ学びの主体性に欠けるという批判もされてきた。こうした修学旅行は、かつて必須とされた巡礼の旅とは異質なものと認識したほうが良いだろう。

高校や大学などの卒業旅行にしても、その中身が一般的な観光旅行だとすると、現代は通過儀礼となる「歩く旅」の機会が不在といえる。

今あらためて、若いうちに一度は長旅をする慣例を見直してみてはどうだろうか。前述したギャップイヤーの導入は、その復活への一助となるはずだ。

## 旅人の社会的責任

ギャップイヤーや通過儀礼の旅が広まったとしても、やみくもに旅行者が増えるとどうなるだろうか。「旅の恥はかき捨て」という言葉がある。これはもともと、不慣れな旅先では思わぬ失敗をしてしまうことがあるのも仕方がないので、あまり落ち込まないように、という慰めであった。旅先では知る人もいないから普段できない傍若無人な振る舞いをしてもかまわない、という意味ではない。しかし旅先ではともすればハメを外し過ぎてしまいがちである。

また、たとえ貧乏旅行だとしても、外国旅行などができるのはそれなりに豊かな証拠であり、国家間の経済格差とも無縁ではいられない。

観文研出身者や海外経験の先駆者たちが立ち上げた地平線会議では、一九八〇年代に旅と格差の問題を論じていた。

「日本という金のあり余った「先進国」に住んでいるからこそ若者でも簡単に海外に出かけられるので、旅をされる側にとっては迷惑千万、それを自慢たらしく吹聴するなんて嫌なことだと言う人もいる。確かに今の世界は不公平すぎる。食べものがなく飢えている人達がいるなかでジェット機で侵入してきて荒し回っていく者たちがいる。しかし四百万人、全部がそうではない。そのうちの数パーセントかも知れないが自分自身の目で世界の現状を確め、不公平を正すことを考えている人達がいる。昔から旅する側と旅される側という関係はあった。旅する側は相手の生活を邪魔することなしにひっそりと入り込み、そこから生き方を学びとった。受け入れる側は旅人を通して外界からの情報を得ることによって自分達の生活に刺激を与えてきた。たまたま私達は今、旅する側にある。その中から学んだことを集み重ね（原文ママ）ていくことは必ず何らかの意味

地平線報告会（2014年）

をもつことになるはずである」（三輪主彦『地平線から・一九八一』）

「ある意味で議論が大事なんだと思う。何でこんな旅を日本人だけができるのかとか、今どうして他の国に行かなけりゃならないのかとか、旅の本質ってのをね。俺達はそんなこと話したいし、記録に残したいからやってるわけでね。報告会で時々厳しい質問するのは、「お前さん、それでもいいのかい」って言いたい時があるんですよ。（…）今、日本人の地球体験というと、僕はものすごく危険だと考えている。一〇〇〇万人が海外に出ればいいのか。こんな旅でいいのかと言い続けなければならないと思う。外の国を歩いてごらんよ。ソ連のインテリだって外国には行けない。中国人はだいぶ日本に来てるが、これから自由旅行がどうなるか。韓国だってついこの間まで五十歳以上、一〇〇万ウォン以上の預金がある人しかパスポートが取れなかった。日本人は十八、九の奴らがポンポン海外へ行き、みやげ物屋にムラがっている。旅行会社や航空会社がそれをあおっているわけでしょ。高校生らが「こんなものか」と思ったら、世界認識を誤ってしまいますよ」（『地平線から・第八巻』）

「たまたま偶然、自分は旅ができる側に生まれた。できない側に生まれた人がいる。その関係性はどうだということは、いまだに答えが出ない。ただ、その旅ができるのは、旅なんかせずに汗水たらして働いている人たちがいるおかげ、そのことを忘れないように、ということを忘れて旅をしている私です……」（白根全・地平線報告会二〇一七年九月二十二日）

今日、岡村隆は次のように言及している。

「地平線会議でも最初の頃は旅の社会性を論じたり意識していたけど、最近はあまりなくなったね。

ただ、東日本大震災や世界各地で災害が起きた時には、すぐ支援に動いたりする。社会性が一瞬影をひそめることがあっても、やっぱり根底には、旅する人間が持つ要素としての社会認識があるんだろうな。とはいえ、日本人の旅とか、旅というものが社会にもたらす作用とか、旅する者の意識については、表立って語られなくなったままではあるよね」

かつて江戸の世で仕事を抜け出してまで旅に出られたのは、それが本人のためになり、自分たちの社会に役立ち、また旅先の社会にも知識や情報をもたらして喜ばれる、三方良しの旅だったからである。そうあるためには、旅の倫理や社会性を考え続けていく必要があるだろう。

経済界においては、企業の社会的責任（CSR：Corporate Social Responsibility）という概念が浸透してきた。旅行業界でも持続可能な観光（サスティナブルツーリズム）への取り組みが始まっている。それに伴い、旅をする各人における、地域や文化、環境などへの影響と配慮に関する「旅人の社会的責任（TSR：Travelers / Tourists Social Responsibility）」という概念をここに提唱し、認識していきたい。

## 旅学の基礎講座

多くの人は旅行の経験はあっても、旅の社会的責任や旅で学ぶ方法について、教わったり話し合ったりする機会はほとんどなかったのではないだろうか。

そこで学校や社会において、旅学の体系的な基礎学習の導入を提案したい。

内容はまず、いわゆる異文化理解や国際理解教育が挙げられる。挨拶や食文化、宗教観など、世界の多様な常識を学び、不要な誤解やトラブルを避けるためだ。文化に優劣はないとする文化相対主義の考えを知る必要もあるだろう。

また、服装や撮影などのマナー講座のほか、盗難や詐欺などの防犯、政治情勢の把握といった危機管理の講義も求められる。こうした注意事項はガイドブックや各国の公式サイトなどにも掲載されているが、旅行者が意識して見ようとしなければ知らずに過ごしてしまいがちだ。

旅の倫理については、討論の時間を設けたい。違法薬物や買春にどのような問題があるのか、貧しい子どもに金銭をねだられたらどう対応すべきか、時には答えが出ない問いをも考えてみるのである。

旅で学ぶための具体的な技術については、観文研流の「あるく」「みる」「きく」方法を第三章で紹介した。市販されている文化人類学や社会学のフィールドワークの指南書も参考になるだろう。

旅の哲学としては、宮本常一や先人達の書物を読んではどうだろうか。

これら座学での旅学は、一般教養として必修にしたいものだ。できれば、ＡＭＫＡＳ探検学校のような実地演習の場があると理想的だろう。

たとえば修学旅行は、集団行動だけでなく、主体的に歩く練習としてもっと活用できないだろうか。学校側に安全責任が問われる修学旅行では不測の行動はできない。そのため偶然による学びの奇跡は起こりにくい。しかし、現場をあるく、みる、きく、そして記録し、発表する技術の習得や、自分で踏み出す旅の助走として大いに役立てられるはずだ。渋沢敬三もまた、日本の修学旅行の先駆けであった東京高等師範の付属中学で、充実した「修学旅行記」を書き上げている。修学旅行が旅学の原点となったのである。

昨今の修学旅行では、班別の自主行動や、海外での学生交流、ホームステイなど、自発的な学びを促す試みも見られる。周防大島でも都会からの修学旅行生を民泊で迎えて、島の暮らしを体験してもらっている。民泊体験施設「鯛の里」の松本昭司（周防大島郷土大学）によると、数日間であっても交流の印象は濃く、別れ際には涙を流す生徒もいるという。豊かな旅の体験学習である。

「魚を与えるのではなく釣り方を教えよ」と言われるように、旅を与えるのではなく旅の仕方そのものを学ぶことで、卒業後も自己教育、生涯教育として独力で歩けるようになる教育を目指したい。

# 私たちの旅学

一冊の本を読むことと、一人の人間に出会うことと、一度の旅をすることは等しい。いずれも、まだ知らない世界を見せてくれる。

「何かについて知りたければ、方法は三つしかないでしょう。まず、本を読むこと。良い本をしっかり読み込む。有難がって読むのではなく、批判的に読む。それから、詳しい人に話を聞く。いくらメディアが発達しようが、その息遣いから何から感じるには直に会って聞くこと。もう一つは現場に立ってみること、つまり旅ですね」（白根全「地平線報告会」二〇一七年九月二十二日）。

この三つは旅学の柱といえる。ただ行くだけでなく、五感から吸収することで、読み込んだ本や人との出会いが血肉となり、その肉体にさらに旅が生きる。

You are what you eat（あなたはあなたが食べたものでできている）という言葉がある。同様に、読んだもの、会った人、旅した経験もまた、あなた自身をつくる糧である。

伊藤幸司は山旅での原体験をこう語っている。

「僕は大学一年の夏、探検部で知床半島に一ヶ月の合宿に行ったんですけど、そのとき初めて、全身の血が入れ替わったような気分になりました。山の中でお風呂もほとんど入らないような状態で生活して、町へ出てきたときに、飯盒で四合炊けた飯をその場で全部食った。一ヶ月の山で、人生の中で大きな何かが変わったのを体験した。山の場合は、一週間でも猛烈に濃いんですよね。一週間経つと何かが若干変わっている。

自分をどこかに置いてやる。ある時間を過ごす。人によってやりたいことは違うかもしれないけど、それだけは人生のうちで一度やっておいて欲しいと思います。探検や冒険でも、調査のようなものでも、導入はなんでもいい」

旅行や観光は一般に「消費」行動とみなされるが、こうした旅は生産的な「投資」だ。場合によっては失うものも大きい博打だが、大局的には必ず資産となる。せめて若いうちに一度、できれば生涯に何度でも経験したい。

「やっぱりね、広い世界を見た人間ってのはものすごい、今も昔も大事なんですよ。そういう人間、旅人の目が世界を開くと」（賀曽利隆）

同時に、旅では一寸先に何が待ち受けているか分からない。その未知を自分の足先で探りながら、一歩一歩踏みしめて行く。旅学は、自分で考えて歩む力を育くむ方法である。それは寄り道だらけかもしれないが、無駄に見える部分は、人間性回復の余地である。ゆえに、現代社会に旅が効く。

宮本常一は「自然の美しさは不定形の美しさである。いまあらゆるものが定形化してゆく。町の建物はすべてが直線によって区切られて来た。そうした中に不定形なものが存在することが、どれほど人の心をやわらげてくれるだろう。不定形なものの中には自由があるからである」（『旅と観光』）と語った。

また、森本孝は「野の草、雑草、それは現代の人の暮らしのなかでは、格別に大切だとも欠かせないものだとの意識はない。それどころか、現代では無用、無価値なもののように扱われることが多い。しかし、その草ぐさの香や花が、時には人に生気や精気を与え、心を楽しませてくれるのである。人と社会の繁栄、発展の中で、何が人にとって普遍的に、本当に大切かを忘れてしまうことがままある。この『あるく』は、その大切なものを考え、発見し、認識する場でもありたいとも思う」(『あるくみるきく』二五八号)と述べている。

旅をせずば老いては何を語らん、という。

かつて旅人を「世間師」と呼んだことを思い出したい。

「明治から大正、昭和の前半にいたる間、どの村にもこのような世間師が少からずいた。それが、村をあたらしくしていくためのささやかな方向づけをしたことはみのがせない。いずれも自ら進んでそういう役を買って出る。政府や学校が指導したものではなかった。

しかしこうした人びとの存在によって村がおくればせながらもようやく世の動きについて行けたとも言える。そういうことからすれば過去の村々におけるこうした世間師の姿はもうすこし掘りおこされてもよいように思う」(宮本常一『忘れられた日本人』)

旅に遊び、旅に学び、旅ができる社会をどうつくっていくかが、問われている。

# いきさつ

宮本千晴

二〇一四年の二月二十八日、わたしは友人の江本嘉伸から一人の若い女性を紹介された。その日は江本が世話人代表をつとめる地平線会議が毎月老若の私的探検家たちの話を聞こうと開いている報告会の日で、賀曽利隆の話が終わった後だった。女性は福田晴子さん。かつて父とわたしと仲間たちで作りあげた『あるくみるきく』のファンだといった。えっ、二十五年も前に廃刊になった雑誌ですよ。ええ、でもその全巻二六三を国会図書館で読みました。そしてそれを書いた若き旅人たちとそれぞれの旅に共感し、涙が出るほど感動したんです。だから、そんな旅人たちの旅とそれを生んだ観文研という場をもっと見極めて修士論文にまとめてみたいのです、と。

そのときわたしは七十六歳、観文研を辞してからすでに三十一年が経ち、友人の向後元彦のまわりに集まった仲間たちと、主としてベトナムでマングローブを植えていた。観文研というのは近畿日本ツーリスト日本観光文化研究所の通称だが、その観文研も二十五年前に『あるくみるきく』の最終号とともに終わっている。もう遠い過去だ。そこに子供のような世代がとつぜん時代を越えて仲間のように登場した。自負も誇りもあるが、悔やみや苦みも含む過去である。思いがけぬ熱い想いをどう受け止めればいいのか。もちろん単純にうれしくはあった。往年の『あるくみるきく』の旅人たちの連絡先とその後の展開ぶりを伝え、会ってそれぞれの人生の話を聞いてごらんと勧めた。

年が明けてすぐ、早稲田大学大学院文学研究科文化人類学専攻として提出した福田さんの修士論文の写しが届いた。予想以上の内容だった。なるほど『あるくみるきく』への旅だ。観文研創設時からの同志で、観文研最後の所長を引き受けてくれた田村善次郎先生も丁寧にお読みくださった。旅という人類の誰にも共通する行動が、それぞれが希求する何かを持ち、それを得るための独自の工夫と、仲間たちに共有され磨かれていく方法や流儀をもって出かけつづけるとき何をもたらすか。さらにみずからを比べる仲間がおり、励ましがあり、それぞれの発見を熟考しなければならないという場があったときに、「旅」に内在する創造性がポイントだ。その視点の出発点は若者としての彼女自身の旅の体験と実感だ。同じ感覚を持ち、その先まで体現した旅人たちがここにいる。検証は共鳴ゆえの想いが先走って理想化されたきらいもあるが、われわれにはよく分かる。観文研の紹介が目的ではないから観文研については大きく抜けている。それなのに観文研についての、ひとつの視点からの総括的評価にもなっているではないか。これは観文研ＯＢの誰にもやれていない。

惜しいね、なんとか印刷しておけないかな。おのずとそういう話になった。八坂立人さんが少し条件をつけて手をあげてくださった。八坂さんは田村先生が編纂するわたしの父宮本常一のアンソロジーを出しつづけてくれている八坂書房の主だ。このまま、つまり論文のスタイルのままでは一般向けの本にはならない。だから一般向けに書き直す必要がある。修論では時間がなくて会いたい人には会いきれず、内容もはしょってしまったということだから、会いたい人にもっと会い、語りたいことをもっと語ってみてくれればいい。わたしも田村先生もそれ以上の注文はつけなかった。

それは当然で、わたしたちが評価し、期待したのは福田さんの自由で独自性のある発見と考察だったからである。でも時間はかかるだろう。お金もかかる。重責から逃れたばかりの旅人は、多分にみずからとの対話になるはずの、歩き、見、聞き、考える、少し重くなった旅を改めてつづけることになる。

それから五年、二〇二〇年の八月、福田さんは原稿を書き上げた。その刊行が今になったのは、ひとえにわたしの怠慢と甘えのせいだ。八十二歳になっていた。歳とともに世間から隠れたいという欲求は強くなり、コロナが格好の隠れ家となって、世間がすっかり遠くなった。監修などしているつもりは最初からない。が、これでいいよねだとか、不満だとか一言言わねばならない経緯がある。なのに読みはじめられない。「読まなければならないもの」は読めないのだ。もともと編集という作業が嫌いだ。その作業に入ってしまえば楽しむし、夢中にもなり、心血も注いだ。しかしわたしにとって編集は基本的に無理矢理身の丈を越えようとあがく労苦だったからだろう、「嫌」という本音の壁を越えて編集という介入のモードに入るには、何かを必要な閾値まで高める闘いが要る。わたしにとって『あるくみるきく』はその苦痛との闘いの場でもあり、読めないのも今にはじまったことではなかった。

だが、評価を待つ著者や出版社にとっては、いつまでともなぜとも分からずつづく不安の日々であったと思う。なんとも申し訳ないことであった。救ってくれたのは、この「困った千晴さん」を知る古い『あるくみるきく』の仲間たちである。田村先生であり、今は亡き森本孝であり、岡村隆をはじめとする観文研の旅人たちである。わたしには何も言わず、黙って必要な評価と助言を与え、とまどう著者の推敲を励ましつづけてくれていた。いずれも知る人ぞ知る人たちだ。わたしはその目に甘えた。観文研は人を育てたかもしれないが、育つべき人が集まっただけとも言える。無言の協力は、彼らの目にもこの世代の離れた後輩が語る旅の話は今の世に伝えておくべきものだという評価があってのことだと思う。インタビューに応じたみんなも出版を楽しみに待っていた。わたしは八十四になっており、若かった著者にも歳を取らせた。

最初は少し手に取りにくい本かもしれない。だがこれは、ひとりの女性が、若かった日ならではの感性で気づいたことの仲間を求めて文字の中でめぐり合ってしまった若き仲間たちと、彼らを見つめた旅の思考だ。だから若い人たち、「宮本常一」や『あるくみるきく』を知らない若い人たちこそ読んでみてほしい。そして若いうちにこそ歩いてほしい。歩いて自分で世界を発見してほしい。本書に描かれた流儀や作法が参考になるかもしれない。今の時代に。今の時代だから。

# おわりに

筆者が旅に目覚めたのは、学生時代に所属していた国際政治学のゼミがきっかけだった。このゼミでは、鈴木佑司教授の方針により、毎年「引率なし」「現地集合・現地解散」「低予算」をルールとした海外研修を実施するのが伝統だった。すべて学生たちが自己責任で企画するもので、いわば個人旅行の集まりである。鈴木教授はこうした海外研修を勧める理由を、次のように説明した。

「君たちは今、日本で大学に通っている。それは世界的に見れば、経済ピラミッドの上位の人間にしかできない恵まれた境遇です。ノーブレス・オブリージュという言葉をご存知ですか。もともとは貴族の義務という意味ですが、特権を享受した者は社会にそれを還元する責任があるということです。それを本当に理解するには、一日二ドルくらいの宿に泊まり、時には南京虫に刺されたりしながら、外国を旅する経験がとても大切なのです」

このゼミ研修旅行は、旅で学ぶ総合的な機会となった。ゼミ生たちと企画した学生交流やホームステイに加え、現地解散後に初めて海外での一人旅を経験し、旅の魅力の虜となった。その原体験が「旅学」への興味となり、旅の文化について調べるうちに、旅に学んだ宮本常一と観文研に行き着いた次第である。

今日、もはや観文研はない。しかし観文研に伺えるような「あるく」旅学には、普遍の価値があると信じている。たとえば、筆者が旅先で会ったある若き建築家は、「建築を見る旅をしているが、海外では値切り交渉一つでも経済学の勉強。旅は学びだ」と断言した。また、大学へ行くかわりに四年間で世界を巡ったという青年は、旅を「人生大学」と呼ぶ。彼は子どもの頃から心の傷を抱えていたが、旅を通して「人間」を学び、初めて人を愛するという感覚を知ったと話してくれた。皆、それぞれの旅学を実践しているのである。

しかし読者の方々は、本書で述べてきた旅学の考察すべてをそのまま受け取る必要はない。本当かどうかは、ぜひ自分で歩き、自分の目で見て、確かめて欲しい。

なお本書では筆者の力が及ばず、まことに残念ながら、観文研と関連の深いTEM研究所や日本常民文化研究所、また、他のさまざまな魅力的な所員や旅人、なかでも女性の旅にわずかしか触れられなかったことをお詫びしたい。

最後に、拙いお願いに応じて取材にご協力いただいた方々、長い年月に及び励ましをいただいた関係者の方々へ、深く御礼を申し上げます。

また、二〇二二年二月、熱く優しい人生を教えてくださった森本孝氏が、七十六歳で天へ旅立たれました。心からの哀悼と感謝を捧げ、平安なる旅路をお祈りいたします。

二〇二二年六月

福田　晴子

著者
**福田晴子**（ふくだ・はるこ）
2002年、法政大学法学部政治学科卒業。在学中から南北格差と持続可能な豊かさをテーマに海外を歩く。旅行業界誌の記者などを経て、2015年、早稲田大学大学院文学研究科修士課程修了。文化人類学専攻。

宮本常一の旅学　―観文研の旅人たち

2022年 7月25日　初版第1刷発行

著　者　福田晴子
監修者　宮本千晴
発行者　八坂立人
印刷・製本　中央精版印刷(株)

発行所　(株)八坂書房
〒101-0064 東京都千代田区神田猿楽町1-4-11
TEL.03-3293-7975　FAX.03-3293-7977
URL.: http://www.yasakashobo.co.jp

ISBN 978-4-89694-298-9

＊関連書籍の御案内＊

## 宮本常一の本棚

宮本常一著／田村善次郎編

宮本常一はどんな本を読んでいたのか。新聞や雑誌に掲載された書評を中心に、様々な本の序文や、内容見本に著した推薦文・紹介など、昭和12年から55年までのものを蒐集・編纂。絶賛の本から辛口の批評まで、宮本常一の本棚を覗く。

２８００円

## 日本の人生行事　人の一生と通過儀礼

宮本常一著／田村善次郎編

産育習俗・元服・若者組・娘組・結婚儀礼・隠居……暦のなかに年中行事があるように、人の一生には人生行事がある。安産祈願・産湯などの出産儀礼、初宮参り、成人祝、結婚、還暦以降の長寿祝など古来から続く通過儀礼、そして元服や若者組、隠居制度などの失われつつある習俗……。厄年や病気にまつわる民間療法・まじないをも加え、忘れられた日本人の一生を俯瞰する。

２８００円

## 日本の年中行事

宮本常一著／田村善次郎編

日本各地には多くの行事がある。本書では青森・東京・奈良・広島・山口を例に取り、その土地の人々の思い、伝統・文化を見てゆく。その地域ならではのもの、離れた場所なのに似通ったもの、そのときどきの食事や行動など、５つの地域を見較べると見えてくる日本の文化がそこにある。「農家の一年」「休み日」についての論考を併録。

２８００円

（価格は本体価格）